ブックレット 近代文化研究叢書 13

世田谷の近代住宅
－和洋折衷の多様な展開－

堀 内 正 昭

本文中の銅版画（エッチング）は著者制作

目　次

はじめに	6
註	8

第 1 章　良好な郊外住宅地の貸家—S邸（昭和初期）—　　10

1－1　家屋概要	10
1－2　建築家Y氏からの聞き取り	12
1－3　松坂和夫氏からの聞き取り	13
1－4　松坂和夫著『二万日後』から	15
1－5　建築年	15
1－6　諸室について	16
1－7　痕跡調査ならびに復原考察	20
1－8　台所と浴室の時代考証	24
結論	27
註／図版出典	28

第 2 章　外は大壁、内は真壁造り
**　　　　—旧原乙未生邸（昭和初期）—**　　30

2－1　家屋概要	30
2－2　遠藤智子氏ならびに田渕佐智子氏からの聞き取り	32
2－3　原邸の施主について	35
2－4　建築年	36
2－5　諸室について	36
2－6　創建時の茶の間	43
2－7　痕跡について	44
2－8　床面積から見た入居前の状況	49
2－9　原邸の創建時の姿ならびに特徴	50
結論	52
註／図版出典	53

第3章 2つの中廊下―平井邸（昭和5、6年）― 56

3－1 家屋概要 56

3－2 平井進氏からの聞き取り 59

3－3 若目田利助について 60

3－4 図面資料について 61

3－5 建築年 66

3－6 諸室について 66

3－7 改修の痕跡について 75

3－8 平井邸の特徴 78

結論 81

註／図版出典 82

第4章 洋風の外観に和室を内包
―尾澤醫院兼住宅（昭和6、7年）― 84

4－1 家屋概要 84

4－2 尾澤醫院の家歴 90

4－3 関連資料について 90

4－4 建築年 92

4－5 創建時の図面について 94

4－6 改造箇所ならびに保存状況 98

4－7 間取りならびに意匠上の特徴 100

結論 102

註／図版出典 103

第5章 木組み風意匠と和室の客間
――色邸（昭和7年）― 104

5－1 家屋概要 104

5－2 施主の一色庯兒・ゆり夫妻ならびに家歴 107

5－3 収集資料 109

5－4 改築について 111

5－5 諸室について 111

5－6	小屋組について	121
5－7	創建時の考察	122
5－8	一色邸の特徴	124
結論		127
註／図版出典		

第6章　雁行形の間取り—鎌田邸（昭和7年）— 　128

6－1	家屋概要	128
6－2	鎌田裕氏からの聞き取り	131
6－3	主要諸室について	134
6－4	創建後の改築について	139
6－5	創建時の姿	139
6－6	鎌田邸の特徴	140
結論		141
註／図版出典		142

第7章　戦後の小住宅と民芸運動の影響 　—旧柳澤君江邸（昭和26年）— 　144

7－1	家屋概要	144
7－2	柳澤邸の家歴	147
7－3	工事請負契約書ならびに工事仕様書	148
7－4	増築工事請負契約書	152
7－5	設計者について	152
7－6	増築工事をした理由	154
7－7	昭和20年代の住宅の間取り	155
7－8	民芸建築について	157
結論		159
註／図版出典		160

あとがき 　162

はじめに

　平成23（2011）年7月のこと、アニメ映画「コクリコ坂から」（宮崎吾朗監督作品）が封切られた。早々見に行くことにしたのは、同映画の中で歴史的建築の保存運動が展開されていることを知ったからだ。その場面を簡単に紹介しよう。

　さる高校の構内に「カルチェラタン」と呼ばれるクラブハウスがある。この明治期に建てられたかのような木造3階建ての洋館が取り壊しが、騒ぎの発端となる。ある生徒は、「古いものを壊すことは、過去の記憶を捨てることと同じじゃないのか？　人が生きて死んでいった記憶を、ないがしろにするということじゃないのか？　新しいものばかりに飛びついて、歴史を顧みない君たちに、未来などあるか！」[1]と声を上げる。

　まずはこの古ぼけた建物をきれいにすることが提案され、生徒を動員しての大掃除が開始される。さらに、その様子を伝えるガリ版の号外が刷られる。外装にペンキが新たに塗られて修復が完了し、生徒たちはいよいよ高校の理事長のところに直談判に行く。それを受け、今度は理事長がカルチェラタンに来て、多くの生徒たちが見守る中、この建物を壊さないことを決意する。生徒たちの思いの詰まったカルチェラタンは、今後も心を通わせることのできる場所となり続けていくというストーリーである。

　映画に登場する生徒たちは建物の保護を訴える人々を、ガリ版（謄写版）は世論を喚起する役割を、そして掃除はボランティアの存在を意味しているとも言え、建物が保存される幸運な結果となる。しかしながら、そうした条件が揃わないと歴史的建築（築50年以上の建物の総称）を残すのは難しく、今日もまた街角から一つまた一つと建物が消えていくのが現状である。

　筆者は勤務先の関係から、東京都世田谷区の建物を調査する機会が多い。とくに住宅の分野では文化財への登録申請用のほかに、取壊しに際してその価値を鑑みての記録保存のための調査もする。今回、調査後に報告書として個々別々に発表してきた成果をまとめる機会が与えられたので、改めて「世田谷区の近代住宅」をテーマに再構成することにした。

　本書では、近代住宅を和洋折衷の視点から捉えていく。その理由は住宅の悉皆調査を通じて、建物の内外が洋間と和室で明瞭に分かれているもの、洋風の外観を持つ建物の中に和室が内包されているもの、洋間に和風の意匠が混在しているもの、さらに昭和初期に流行した民芸運動の影響を受けたものまで、すべて和洋折衷の中で異なる様相を見せていることに興味を持ったからである。和洋折衷そのものはことさら新しい見方ではない。本書の目的は副題に示したように、近代住宅における和洋折衷の内実を明らかにして、その多様な展開を跡付けることにある。

そこで本論に入る前に、和洋折衷の言葉の意味を『建築大辞典』で確認する（関連用語は「和洋折衷住宅」、「文化住宅」）[2]。

　（和洋折衷住宅とは）「和風の住宅に洋風の応接間や主人の書斎を付け、和洋を折衷した住宅。上流階級のように和洋２館を持つことができない中流階級の住宅として、大正時代に建てられた文化住宅がこれに当たる。」
　（文化住宅とは）「大正後半から昭和初期にかけて、主として都市の中流階層の住宅として郊外に建てられた形式の一。構造は和風で、間取りは中廊下形式または広間形式の住宅。西欧文化と武士住宅の影響を受けた一種の折衷式住宅で、屋根勾配を急にして、そこだけ色付き瓦などを用いた洋風の応接間を付している場合が多い。」（下線筆者）
　上記文中に中廊下形式の用語があるので、『建築大辞典』から拾っておく（関連用語は「中廊下式住宅」）。

　（中廊下式住宅とは）「住宅において中廊下を挟んで南側に居室を、北側に浴室、便所、納戸、玄関などを設ける形式の住宅。明治末年から大正時代に中流階層の住宅にこのタイプが現れ、その後の日本の都市住宅の平面構成のモデルの一つとして普及した。これによって家族と使用人の生活は分離されていたが、間仕切りが襖や障子であるのと、家族構成員の個室はなく、家族個人間のプライバシーは十分に保たれていなかった。」（下線筆者）
　引用が少々長くなったが、最後に「文化住宅」の解説にあった武士住宅について触れる。『建築大辞典』にはこの用語がなかったので、『住居論』から関係する箇所を要約する[3]。

　武士の住宅は庭付き一戸建ての「屋敷型」で、「表」と「奥」とにはっきりと分かれ、「表」は主として来客のために使われ、家族の生活は居住条件のよくない「奥」で行われた。住宅の洋風化は「表」の延長としての接客部分から始まった。最初に現れるのは、「和」をもとにした単純な「洋」の併設である。（下線筆者）

　以上から、和洋折衷住宅は次のような条件（背景）を持つことになる。

• 時代は大正時代から昭和初期
• 対象は都市の中流階層
• 場所は郊外
• 間取りは中廊下式
• 洋風化は接客部分（応接間、書斎）から

　これらを世田谷区に当てはめてみる。例えば、鉄道を取り上げれば、明治40

(1907)年に玉川線が通り、世田谷線を含めた全線開通は大正14(1925)年であった。さらに小田急電鉄線は昭和2(1927)年に開通した。世田谷は(区としては昭和7年に成立)、大正から昭和初期にかけて、都市の中流階層の郊外住宅地として発展してきた地域で、住宅は中廊下式の間取りと洋風の応接間を持つことが多い。和洋折衷の視点はそのまま世田谷区の住宅に該当するのである。

　最後に調査方法について触れる。歴史的建築を扱う場合、当該建物の現状を知ることから始める。そして、関連資料、聞き取り、建物に残された痕跡などから創建時の姿を推察する。創建時の資料(図面、写真等)が存在する場合は、考察する上での実証性が増す。そうした作業により建物の歴史的変遷が明らかになり、創建時の建物の建築史上の位置づけや文化財としての価値を論じることができる。このことから、通常以下のような調査を行う。

- 建物の見学
- 所有者からの聞き取り(生活史を含む)
- 資料の有無(図面、契約書、仕様書、写真、登記簿、土地台帳など)
- 実測調査(現状把握のため)
- 痕跡調査(創建時から現在までの変遷を辿るため)
- (同時代の)文献調査、類例建築との比較(建築史上の位置づけのため)
- 文化財としての価値の判断

　本書では、堀内研究室が調査した住宅を竣工の古い順に取り上げている。ただし、掲載に際して多様性を重視した選択を行うとともに、紀要以外ですでに刊行されたものを除いている[4]。

　本書では、歴史的背景を適切に伝えるため、当時の用語をそのまま用いた。

註

1)『THIS IS ANIMATION コクリコ坂から』(小学館，2011年)，p.22

2)『建築大辞典第2版〈普及版〉』(彰国社，1993年)

3) 足立富士夫著，「近代における住居」(新建築学大系編集委員会編『新建築学大系7 住居論』，彰国社，昭和62年)，pp.75-77

4) 刊行図書として，世田谷区教育委員会編集・発行，『世田谷区文化財調査報告集 第10集 古建築緊急調査報告 その5 旧小坂家住宅』(世田谷区，平成13年)
　以下，本書に関連する既発表の文献を列挙する。
　1. 堀内正昭著，「昭和初期民家(世田谷区太子堂)の調査ならびに復原的考察」(『昭和女子大学 学苑・生活環境学科紀要』，No.813，2008年7月)，pp.23-38

2. 堀内正昭著,「Y家住宅（世田谷区・昭和26年）にみる戦後小住宅の特徴ならびに民芸運動の影響について」（『昭和女子大学 学苑・環境デザイン学科紀要』, No.849, 2011年7月）, pp.61-73

3. 堀内正昭著,「旧柳澤邸（世田谷区,昭和26年築）の設計者ならびにその位置づけ」（『2011年度日本建築学会関東支部研究報告集Ⅱ』, 2012年3月）, pp.529-532

4. 堀内正昭著,「尾澤醫院兼住宅（世田谷区）の竣工年ならびにその建築史上の位置づけ」（『昭和女子大学 学苑・環境デザイン学科紀要』, No.861, 2012年7月）, pp.29-42

5. 堀内正昭著,「世田谷区奥沢の松居邸（1938年築）について－昭和戦前の住宅に関する研究－」（『昭和女子大学 学苑・近代文化研究所紀要』, No.887, 2014年9月）, pp.1-26

6. 堀内正昭著,「世田谷区奥沢の平井邸(旧若目田利助邸,昭和5,6年築)について－昭和戦前の住宅に関する研究－」（『昭和女子大学 学苑・環境デザイン学科紀要』, No.897, 2015年7月）, pp.2-24

7. 堀内正昭著,「世田谷区太子堂の旧原乙未生邸（昭和初期築）について－昭和戦前の住宅に関する研究－」（『昭和女子大学 学苑・環境デザイン学科紀要』, No.909, 2016年7月）, pp.2-23

8. 堀内正昭著,「歴史的建築をもっと身近に。それは知ることから」（財団法人世田谷トラストまちづくり,『ひと・まち・自然』トラまちPress, Vol.8, 2012年3月）, pp.8-9

9. 堀内正昭著,「三田演説館の建築史を紐解く」（『近代日本研究第32巻』, 慶應義塾福澤研究センター, 2016年2月）, pp.296(1)-267(30)

第1章　良好な郊外住宅地の貸家—S邸（昭和初期）—

　昭和女子大学の正門近くに、国道246号線に架かる歩道橋がある。そこを渡って三軒茶屋の方に歩を進め、二つ目の角を右折すると、喧騒の国道のすぐそばに昭和戦前に建てられた民家がある（太子堂2丁目）。筆者は時々その前を往来して、レトロな景観を愉しんでいたが、同区画に予定されたマンション建設により取り壊されることになった（平成20年8月取り壊し）。そこでせめて記録に残すために、悉皆調査を行うこととした[1]。幸い、借家人から戦前に住んでいた人がご存命と伺った。その方と連絡が取れ、戦前からの同民家にまつわる話を聞くことができた。本章ではとくに家屋に残る痕跡を調べ、聞き取りならびに同時代の文献を参照しながら創建時の姿を復原考察することを目的とする。

1-1　家屋概要

　平屋建てで、コンクリート製の塀が半分残り、道路に面した西側に玄関口を取る。玄関に向かって左側に出窓を持つ洋館があり、右側には外観を残しながらもガレージ用の大きなシャッターが付いた部屋が張り出す（図1）。この洋館を含む西側の外壁は、モルタル下地にリシン吹き付け塗装がなされる。その外壁は腰の高さまでわずかに張り出すとともに、腰まではやや赤みを帯びた濃い色で、腰から上は黄土色の吹き付けとする。

　洋館の屋根は急傾斜の切妻造りで、セメント瓦葺きである（図2）。ガレージの方のそれは入母屋造りとなる。この建物は間口に対して奥行の長い構成をとり、洋館とガレージの後方につながる屋根は寄棟造りで、洋館以外の屋根はすべて桟瓦葺きである。玄関の上に千鳥破風を設けて、平屋であるが正面から見ると起伏に富んだ堂々とした構えを持つ（図3）。建物の南側に張り出した部分（現ガレージ）は押縁下見板張りで、同様の仕上げは裏側に当たる東面にも見られる（図4）。建物の北面にはトタン葺きの下屋が張り出し、洋館寄りに外便所が付く（図5）。

　玄関には透明の大きなガラス戸が付き、室内を奥まで覗ける。室内はかなり改造され、玄関土間はそのまま台所へと続き、土間のどこからでも部屋に上がれるようになっている。障子や襖は1枚もなく、板敷きのワンルームである（図6）。天井は撤去され、小屋組が露になっているため、天井板の代わりに幅広の白い布が梁間に掛かり、南の内縁へと垂れ下がっている。内外ともに創建時の姿を伝えているのはほぼ洋館部分のみで（図7）、床面積は約87.0㎡（26.4坪）である（図8）。

図1　太子堂2丁目の当該民家
　　　（平成20年8月取り壊し）

図2　洋館部分の外観

図3　建物正面（西側）、中央に玄関

図5　建物の北側にある外便所

図4　建物の東側（左に張り出しているのは便所）

図6　玄関から室内を見る。

図7　洋間

— 11 —

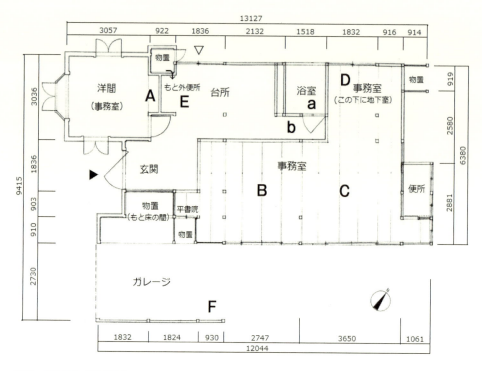

図8　平面図（調査時）

1－2　建築家Y氏からの聞き取り

　調査時の借家人は建築家のY氏である。堀内研究室の片倉真里さんがY氏へのインタビューを行ったので、以下に片倉さんが聞き取った内容を紹介する。

　Y氏は、平成13（2001）年頃に三軒茶屋界隈で事務所に使える物件を探していたとき、知人の建築家M氏からこの民家のことを聞き、大家S氏との交渉がはじまった。事務所として貸して欲しいとのY氏の申し出に、S氏は老朽化した家を借りたい人のいることを最初は理解できなかった。借り手側は、綺麗にすればまだ十分に使えるとの思いで、S氏と何度か話し合った。やがてS氏は「使わずに放置するよりは使ってもらった方がいい」と考え方を変え、借用に際して事務所として使えるようにリフォームしたいとの申し出に同意した。さらに大家として借家人に、相応の住環境を保証してあげたいという気持ちがあり、リフォーム代金の支援があったという。大家と借家人との信頼関係がこのような改造を可能とし、民家が住人を代えて生き続けることになった。畳を撤去して板敷きとした開放的なワンルームに対して、台所と中廊下を土間に変えることで室内に段差を造る―それは、誰でも入ってきていい場所と仕事に関係する場所とを、視覚的かつ体感的に分けたいというコンセプトによったとのこと。

ところで、洋間の天井の南北方向に亀裂が走っている。筆者がY氏から伺ったことなのだが、それは戦時中のアメリカ空軍による銃弾の跡だという（図9）。さらに北側にある浴室の隣に外から入る地下室が掘られているが、そこは防空壕であったという（図10）。

1－3　松坂和夫氏からの聞き取り

　昭和戦前にこの民家に住んでいた方が松坂和夫氏[2]である。筆者は平成20（2008）年3月12日、練馬区に在住する松坂氏の自宅を訪問した。以下、聞き取った内容を要約する。

―太子堂にはいつ住んでいたのですか。「私は昭和2（1927）年生まれで、生まれた年に太子堂に引っ越してきました。そのときは、兄の同級生であった堀田という人の家の近くに住んでいました（筆者註：現在の太子堂2-9-8辺り）。その後、小学校の終わりかあるいは中学校に上がった頃に、この民家に引っ越しました。ここには昭和23（1948）年まで住みました。それ以後は、同じ太子堂2丁目にある家に引っ越しました。」

―この民家に住んでいたときの家族構成はどのようでしたか。「私のほかに、父と母、祖母（母方）、そして兄の5人家族でした。」

―では、部屋の使い方をお聞きします。まず洋間は。「洋間は兄といっしょに勉強部屋に使っていました。」

―洋間には壁の一部を後退させた書棚用の凹み（アルコーヴ）がありますが、当時からのものですか（図8A）。「当時は洋間には凹みはなく、本箱が壁から出ていた記憶があります。勉強部屋だったので、ここで長く過ごしていました。」

―洋間の天井には、機銃掃射を受けたような跡が残っていますが、そのときの記憶はありますか。「昭和20年の終戦間際のことです。外を歩いていてアメリカ軍の艦載機が来て慌てて家の中に入りました。そのときの跡です。」

図9　洋間の天井に残された機銃掃射の跡

図10　防空壕と伝えられる地下室の入口

—4畳半の部屋は（図8B）。「茶の間でした。卓袱台を使っていました。記憶は曖昧ですが、円形ではなかったと思います。また、茶の間に長火鉢があったことを覚えています。」

—続きの6畳間（図8C）は。「終戦後の記憶ですが、母が裁縫をこの部屋でしていました。」

—この6畳間の北側に小部屋（3畳）は最初からありましたか（図8D）。「引っ越してきたときにはありました。終戦後、私はこの部屋で中学生や高校生の家庭教師をしたことがあります。」

—この3畳間の真下に外から出入りする1坪ほどの地下室がありますが、防空壕ですか（図10）。「引っ越してきたときにすでにあったようです。戦時中につくった記憶はありません。戦時中は1度か2度入ったことがあります。戦時中にできた防空壕は、この家の道路の向いのクリーニング店の辺りにつくられました。個人宅で隠れるのは怖いから、ここに若い人が集まっていた記憶があります。4、5人くらい入れたようです。」

—玄関脇の8畳間は（現ガレージ）。「お客さんを通したことがあるのでしょうが、私が中学の頃、父は病気で、この部屋で寝ていたことが多かったようです。父は4年間闘病して昭和18（1943）年に亡くなりました。」

—洋間はよく書斎と呼ばれて父親の部屋であったようですが、お父さんは使われなかったのですか。「父は病気で寝ていることが多かったので、そういうことはありませんでした。」

—洋間の隣に2畳の和室があったようで、その大きさと場所から女中室であったと考えています（図8E）。「女中さんは居ませんでした。ここは主に祖母が使っていて、この部屋で寝ていたことが多かったようです。」

—この2畳間の外に便所がありますが。「使用していたのは祖母くらいでした。」

—台所には、土間のある勝手口は付いていましたか。「ここは母と祖母の領域だったので、覚えていません。」

—浴室については。「外焚きで、焚くのは祖母の役目でした。外便所から浴室の北側は木の塀で仕切られていました。」

—この浴室の廊下側に間仕切りがあったようですが。「ありました。そのため、奥の3畳の部屋に行くのに廊下からではなく、6畳の間を通っていかなくてはなりませんでした。」

—8畳間の南側は下見板で覆われていて窓はありませんが、隣家があったのでしょうか。「隣家との間は路地のように狭かったことを覚えています。」

—この民家は家族構成からすると狭くはないようですが、なぜ引っ越したのですか。「戦争の終わる頃、近所の方で東北方面に疎開していた家族がいました。この

一家が私たちに無断で大家と交渉したのでしょうか、上京してきたときに同居するようになりました。この一家は洋間と8畳間を使ったので窮屈な思いをしました。それで昭和23（1948）年に引っ越しました。引越し先は、鮫島さんの近く、今は駐車場になっている辺りです（筆者註：太子堂2-9-4）。ここに昭和36（1961）年まで居ました。」

1－4　松坂和夫著『二万日後』から

松坂和夫氏の自叙伝である『二万日後』[3] に、この太子堂の家屋に関する記述があるので以下に抜粋する。

「私の住んでいた家は、三宿と三軒茶屋の中間にある太子堂の停留場から、少し三軒茶屋寄りの横丁にあった。玉電がゴトゴトと走る表通りからほんの一、二分のところで、現在昭和女子大学がある側とは反対側である。私はそこに、物心ついてから三十代の半ば近くまで住んでいた。私が小学校に通っていた時分は、そのあたりは、まだ鄙びた、どことなく物わびしい、そしてまた一面下町風の風情もある町であった。小学校の同級生は、三宿や池尻あたりの商店や小工場の子供と、その辺から太子堂にかけて住んでいる小サラリーマンの子供が多かった。（略）

両親が東京で最初に世帯を持ったのは、麻布の霞町だそうである。しかし世帯を持つと間もなく、父は白木屋の神戸の支店詰めになった。（略）私の生後三か月の頃、<u>父は東京に呼び戻され、ふたたび本店に勤めることになった</u>。東京に戻って、今度両親が家を構えたのは麻布の箪町であった。（略）懐妊や転居や子育ての疲れで、母は少し体を悪くした。（略）私も虚弱で、医者達はこの子が無事に育つかどうか分からないと危うんだそうだ。<u>医者達は、母や私の健康のために郊外に転居を勧めた。そこでまた両親は家探しをし、太子堂に小さな借家を見つけて、そこに移り住んだ</u>。それは昭和二年の暮頃のことであった。（略）

（略）私は、物心ついて以来、ずっと世田谷の太子堂で暮らしていたのである。（略）三宿の小学校を卒業するまで暮らした家と、中学生時代を過ごした家とは別の家であった。それから終戦前後の四、五年間住んだ家、さらにそのあと私が太子堂を立ち退くまで放縦な月日を送った家も、またそれぞれ違っていた。（略）しかし<u>それらの移転は、太子堂のごく狭い一廓内での移動に過ぎなかった</u>。」（下線筆者）

以上から、松坂家が太子堂に転居してきたのは、健康を配慮して郊外にある住宅を求めたためであったこと、同じ太子堂の町内で引っ越しを繰り返していたことがわかる。

1－5　建築年

松坂氏が当該民家に入居したのは、昭和13、14（1938、1939）年頃となる。まず

－ 15 －

地図で民家の有無を確認してみる。昭和4（1929）年当時の「世田谷古地図」には、この民家が概略ではあるが、形を伴って表示されている[4]（図11）。そして、地図上には民家の南に隣接して建物があり、その南側は塞がれている。このような立地の状況から、同民家の南面を押縁下見で覆い、座敷への採光を確保するために庭を確保した間取りになったと考えられる。

　次に、松坂氏の父親が東京の白木屋本店（日本橋）に通勤していたことから建築年を推察する。太子堂から渋谷までは玉川電車を使い、渋谷で山手線に乗り換えたとする。玉川線は渋谷・玉川間に明治40（1907）年に開通していたが、世田谷線を含んで全通したのが大正14（1925）年であった。他方、山手線は明治42年に電化されている。大正3（1914）年に東京駅が開業し、山手線は大正8年に中央線に乗り入れている。そして大正14年に環状線として全通した[5]。

　この間の大正10（1921）年には、当該民家からは北西の方向に当たる現在の茶沢通りを挟んだ太子堂2丁目から同4丁目に東京府住宅協会が140戸の公営住宅を造っている。そして大正12年の関東大震災後には被災者が世田谷に移入し、田畑が急速に宅地に変わっていった[6]。このように、大正末にかけて太子堂は居住者が増え、郊外居住地として発展し都心への通勤に便利な地域になっていた。以上のことは状況証拠に過ぎないが、この民家の建築年は大正期の可能性があり、広く見積もれば大正10年代から昭和初期までとなる。

1－6　諸室について

a. 玄関（図12、13）　コンクリート土間であるが、ドアから奥に1350mmまでは砂利を露にした仕上げとなる。土間の天井高は約275cmで、格天井を持ち、その中央に乳白色のガラス球の照明器具が付く。建築家Y氏によると、ここを借りたときに玄関の壁面をペンキ塗りで補修したが、もとは漆喰仕上げであったとのこと。

b. 洋間（図7、14）　部屋の3面に窓を開け、うち西側は出窓である。すべて外開きで、欄間に回転窓がある。洋間の天井高は3010mmで、格天井を持つ。腰壁（800mm）に木製パネルがはまる。ドア側の東面には、本棚用に約45cmの奥行を持つアルコーヴがある。Y氏によると、洋間の壁面は「シラス壁」で補修したが、もともとはやはり漆喰仕上げであったとのこと。小屋組は、部屋の中央に丸太の梁を1本渡した和小屋で、桁行に振れ止めが入る。屋根の傾斜は急で、約8寸勾配である。

c. 和室2室（図15、16）　すべて板敷きとし、天井を取り払っているので、小屋組が露になっている。玄関に近い方が4畳半（＝茶の間）で奥が6畳である。2室とも長押を回す。天井の回り縁に竿の跡が残る。回り縁までの高さは、4畳半の方は2665mm、6畳の方は2700mmで、その差は35mmあり、明らかに天井高が違う。

　この6畳間の北面には、1間半幅で4枚の障子戸付きの天袋があり、見上げれば、

図11 昭和4年刊行の地図
　　　（矢印の先が当該民家）

図12　玄関土間

図13　玄関を室内側から見る。

図15　和室の小屋組

図14　洋間、ドア脇に本棚用のアルコーヴ

図16　6畳間の北側にある天袋、その奥に
　　　見えるのが3畳間

東側から2間間隔で丸太の小屋梁が計3本架かっている。これら2室を仕切る欄間の上の吊束に枠吊りが付く。鴨居が下がったときに吊り上げるためのものである。

d. 和室8畳（図17～20） ガレージに改造され、部屋の下半分は見る影もないが、猿頬縁(さるぼおぶち)の天井ならびに4面に小壁が残る。北に1畳の床の間があり、脇に平書院がそのまま残る。小屋組は、部屋の中央に小屋梁を1本架けた和小屋である。なお、部屋の南面は壁で、東側に内縁があり、そこに半間幅の天袋が残る（図8F）。

e. 台所（図21、22） コンクリート土間で、かつての名残はない。ただ、人造石研出しの流しが残る。Y氏に伺うと、時代は不明であるが再使用しているとのこと。

f. 浴室（図23） かつての面影は、竿縁天井、北側の天井下にある横軸回転窓に見られる。天井ならびにその周囲の壁は白ペンキ塗り仕上げで、回転窓の右端に煙突穴がある。ガラスの出窓が付くが、明かに後補である。床のコンクリート土間も後の改修である。

g. 廊下（内縁）（図24） 廊下部分は下屋で、化粧垂木を見せ、それを丸桁(がぎょう)が受ける。半間幅の内縁全面に引違いのガラス戸が入り、その上に欄間窓が付く。

　家屋の実測においては、柱や柱間をミリメートル単位で測るので、大抵誤差が生じる。例えば、南面する内縁の幅は東側で812mm、中央で806mm、西側で791mmであり、最大21mmの誤差がある。したがって、平面図にミリメートル単位で記入するだけでは、建物の設計寸法が見えてこない。この当時はメートルではなく尺寸で設計していたので、近似値として尺寸に換算してみる。心々では、便所部分のみが3.5尺×6.5尺であるが、6畳間は12尺×9尺、4畳半の間は9尺×9尺、洋間は10尺×10尺、駐車場の8畳間は12尺×12尺、浴室は5尺×6尺、台所は6尺×7尺など、すべて整数値に収まるように設計されていた。

図17　ガレージに改造された8畳間

図18　8畳間東側の鴨居から上を見る。

図19　8畳間の床の間脇に残る平書院

図21　台所

図23　浴室の天井回り、奥に回転窓と煙突穴が見える。

図20　8畳間の内縁にあった天袋

図22　人造石研出しの流し

図24　南に面する内縁
　　　（化粧垂木を丸桁が受ける。）

1-7 痕跡調査ならびに復原考察

　柱に残る痕跡を調査したのが図25であり、痕跡から判明したことを詳述する。

a．玄関　土間の仕上げが異なる境目にある幅木に、楔形の仕口穴が、土間に立つ柱にも水平に入る仕口穴がある（図25、図26㋑㋺）。双方ともその形状から上がり框の仕口穴と考えられるので、玄関ホールへは土間から2段上がるという造作であったことがわかる。因みに最初の上がり框までの高さは約19cm、2段目の蹴上げは約10cmである。なお、玄関土間と洋間との境をなす小壁の下に2本溝の鴨居が残り（図25㋩）、ここに引違い戸が付いていたことになる。

b．4畳半（茶の間）　土間側の4本の柱にはいずれも貫穴（縦方向で平均10cm）と小舞穴がある。ここは3面を土壁で閉じられた押入であったことがわかる（図25㋥㋭㋬、図27）。また、押入の上は天袋であり、敷居、鴨居ともに残る。

　茶の間と奥の6畳間の境にある鴨居には2本溝が残り（図25㋣）、この部屋境の両端にある柱には、鴨居から上に北側で縦26cm、南側で縦30cmの貫穴がある（図28）。それは通常より大きく、鴨居の上に欄間板がはめ込まれていたことがわかる。

　ところで、この茶の間と6畳間の境にある北側の柱の北面には貫穴・小舞穴が残るので（図25㋠、図29）、ここで台所と浴室の南側にあった中廊下が閉じられていたことになる。

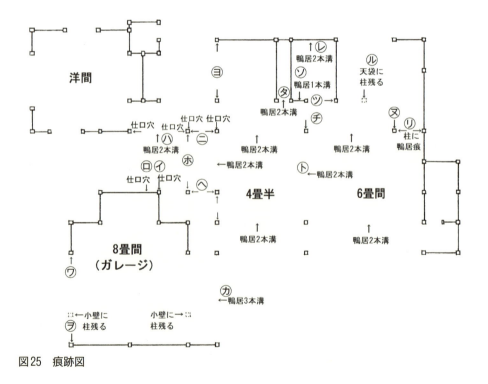

図25　痕跡図

— 20 —

図26　玄関の幅木と柱に残る仕口穴

図27　茶の間の柱に残る貫穴・小舞穴
（ここはもと押入で、手前の柱と次の柱との間の敷居は改造時に移設した。）

図28　茶の間、欄間に残る貫穴

図30　6畳間の天井回り縁に残された猿頬縁の跡（丸印）

図29　茶の間と6畳間の境にある柱、廊下側の柱に残る貫穴・小舞穴、図25㋟
（ここに間仕切りがあった。）

c. 6畳間と3畳間　まず、6畳間と茶の間について、これら2室に残る竿の痕跡を調べると、4畳半は普通の竿縁天井に見られる凹状のものあるのに対して、6畳の方は、竿縁の断面の両側を45度以上の角度で面取りした猿頬面である（図30）。猿頬は竿縁天井よりも上等とされるので、奥の6畳間は天井高とともに4畳半とは差

— 21 —

を付けていたことがわかる。

　6畳間の北面の東端から2本の柱の内面には、床から約48cmの高さまで貫穴・小舞穴が残り、その上の約99cmのところに2本溝の鴨居の差込み穴があり、さらにその上約27cmのところに1本溝の鴨居が残る（図25⑦、図31）。したがって、下から土壁、その上が引違いの窓、さらにその上に欄間窓があったことになり、ここに平書院が設けられていたことになる。それを8畳間の床の間脇に現存する平書院（図19）と比較すると、欄間窓と引違い窓の高さはほぼ同じで、下の土壁は8畳間の方は約41cmに対し、6畳間の方は約48cmで少々高い。この6畳間の平書院を構成する独立柱の北面には貫穴・小舞穴があることから（図25㋎）、この柱から奥は土壁で閉じられていたことになる。

　ところで、奥の3畳間には天井付近に途中で切断された柱が残る（図25㋙、図32）。6畳間には専用の押入がないことから、天袋と同じ1間幅の押入があったと考えると、この切断された柱はその押入の構成材となる。さらに東面に張り出した便所周辺の布基礎に着目すると、この6畳間の平書院から北の布基礎はいきなり低くなっている。つまり、平書院から北側は一度に造られたのではないことになる。以上の考察から、6畳間の奥に続く3畳間は後の増築であったと考えられる。

d. 8畳間　ガレージに改造されたので、部屋の東西両面は大きく切り取られているが、鴨居から上は残る。そこにある柱の断片、東西の開口部の柱に残された痕跡から、東面には、幅1間半に障子戸があったことがわかる（図18）。西面には、南に位置する柱に貫穴・小舞穴があり（図25㋐）、小壁に南から半間のところに切断された柱が残るため、南から半間分は壁であった。さらに西面の北側の柱に土間から約80cmのところに、窓台の仕口穴があり（図25㋐、図33）、西面には、幅1間の窓が設けられていたことになる。

　8畳間東側の内縁の南に天袋が残る（図20）。8畳間にはほかに押入がないので、半間の押入が天袋の下に付いていたと推察する。この内縁の庭側の鴨居には計3本の溝が残る（図25㋕、図34）。うち2本が引違いのガラス戸、1本が雨戸用であろうが、この鴨居は天袋の柱の外側を通って、外壁の柱まで達している。このことから、かつてはガラス戸をすべて天袋の側面に引き込んで、内縁全体が開放できたことになる。

e. 2畳間　勝手口東側の柱ならびに対面する柱に貫穴・小舞穴があり（図25㋛）、2畳分の部屋が洋間の隣にあったことになる。ここには外便所が付いていることから、女中室と考えられるが、松坂氏の祖母が使っていたことは既に述べた。和室であれば押入が必要になる。洋間東面の書棚周りの腰壁は唐突に切られていることと松坂氏への聞き取りから、同面にはそのまま腰まで木製パネルが回り、隣室の2畳間に押入があったと考えられる。

f. 便所　幅3.5尺、奥行6.5尺と当時の状況から小便所と大便所に分かれていた。

— 22 —

図31　6畳間の北側に残る平書院の痕跡

図33　8畳間の柱に残る窓台の仕口穴

図32　3畳間に残る柱の断片

図34　8畳間の内縁に残る3本溝、その後方に天袋
　　（3本溝のうち右の2本がガラス戸用、
　　　残り1本が雨戸用）

1－8　台所と浴室の時代考証

　本民家の台所と浴室は改造が著しいので、文献を参照して復原考察する[7]。

a. 台所　2畳間の東がかつての台所となる。7尺×6尺の大きさで、1坪よりわずかに広い台所である。上記の文献の「便利で経済な一坪の台所」から、その一説を引用する[8]。

　「一坪といへば、畳二枚の面積ですから、中流向きのお台所としても、決して広いとは申されません。けれども、その狭いところを便利に工夫して使ふのが、最も賢い方法であり、またそれが現代に適した生活条件でもあります。」

　同書に掲載された標準的な仕様を紹介すると（図35、36）、2.2尺×1.7尺程度の土間（＝下駄脱ぎ土間）、2.5尺×1.7尺の流し、3.0尺×1.5尺の竈・七輪台、2.6尺×1.5尺の調理台のほか、土間から上がったところに揚板付きの床下収納がある。

　先に台所で紹介した人造石研出しの流し（図22）は764mm×547mmで、尺に換算すると2.5尺×1.8尺で、当時の標準的な大きさである。なお、台所と浴室との境にある柱の上方に2本溝の鴨居の一部が残るので（図25㋠）、台所の廊下側は引違い戸で開閉していたことになる。

b. 浴室　北側の小壁の下の鴨居に2本溝が残るので、ここに引違い窓があったことになる（図25㋑、図37）。廊下側には1本溝の鴨居が残り（図25㋣、図38）、引戸があったことがわかる。また、浴室ドアの蝶番が付く柱に貫穴があり（図25㋒）、ドアのあるところ（図8ａ）は壁で閉じられることから、壁のある方（図8ｂ）が戸口となる。ただしその戸口は狭く、内法幅で約61cmである。浴室北側の欄間の右端に煙突穴があることから、煙突は浴室内にあったことがわかる。浴室は5尺×6尺の大きさで、1坪よりやや小さい。上掲文献には、「経済と衛生を主とした一坪の浴室」の項目があり、以下に紹介する[9]。

　「和洋の長所を採り、できるだけ経済的にと設計しましたのが、次に紹介する一坪の浴室であります。位置は、間取の関係上、北向になりますが、窓を大きく取り、天井、床、壁共白色でありますから、極く明るく、衛生的であります。風呂釜は、庭の落葉、紙屑、空箱、炭俵等の整理方法として、長州風呂を選びました。面積は浴室が一坪で、釜焚場が半坪、脱衣室が一坪あります。」

　当該民家の浴室は北向きで、柱間いっぱいに窓を設け、欄間が付き、さらに白ペンキ塗りのため、明るい部屋となっている。その点で上の文言と一致する。そこで、浴室については、図39の平面図を復原の参考にする。ただし、この民家は外焚きだったので、屋内に釜焚場は必要なかったとしても、脱衣室に当たるところがないため、当時の仕様からすると狭いのは否めない。以上の復原考察から、創建時の平面図を起こした（図40）。創建時の床面積は、約81.2㎡（＝24.6坪）となる。この考察に基づいて縮尺20分の1模型を製作した（図41、42）。

図35　1坪台所の標準例

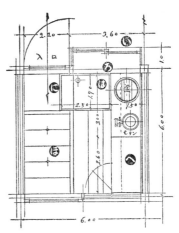

図36　1坪台所の標準例
　は　流し　　に　下駄脱ぎ土間
　ほ　揚板　　へ　調理台

図37　浴室に残る2本溝の鴨居

図38　浴室に残る1本溝の鴨居

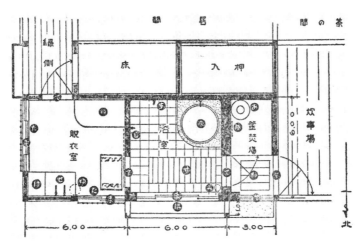

図39　1坪浴室の参考例

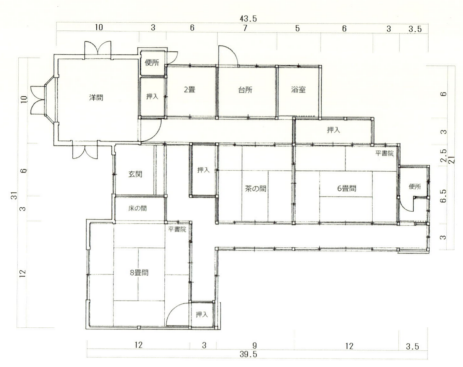

図40　創建時の平面図（寸法は尺で記入）

図41　復原模型（20分の1、堀内研究室所蔵）（昭和女子大学光葉博物館2012年秋の特別展
　　　　　　　　　　　　　　　　　　　　　　「甦る近代建築」カタログより、撮影：竹本春二）

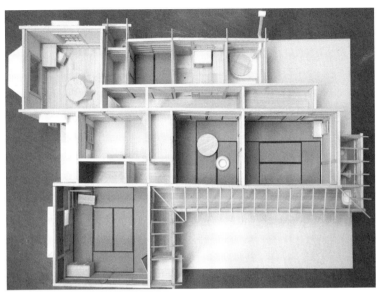

図42 復原模型（20分の1、堀内研究室所蔵）

結　論

以上の考察を通じて、S邸については次のようにまとめることができる。

- S邸の建築年は不詳であるが、大正末から昭和初期（3年頃まで）と推察する。
- 戦前に住んでいた松坂和夫氏からの聞き取りにより、家族の健康のために太子堂に貸家を求めて転居し、父親は都心に通勤していたこと、太子堂が当時郊外住宅地としての性格を持っていたこと、そして、氏の一家が同じ町内で転居を繰り返していたことから、当地にそれだけ借家が多かったことがわかる。
- S邸の外観は、洋館とともに道路に面した範囲をモルタル下地にリシン吹き付け塗装を行い、それ以外は押縁下見板で仕上げている。さらに、正面側の屋根を、急勾配の切妻造り（洋間）、入母屋造り（8畳間）、そして千鳥破風を付けた寄棟造り（玄関部）としているように、望見できるところの見栄えをよくしている。
- S邸は、玄関脇に洋間を設けた典型的な和洋折衷住宅で、大正期から昭和にかけて流行した中廊下式の間取りを持つ。また、床の間と平書院を持つ8畳間が他の居室から独立していることから、接客を重視していたことがわかる。
- 北側の3畳間回りは、痕跡調査ならびに入居時（昭和13、14年頃）にはすでにあったという松坂氏の証言から、戦前に増築された。また、その直下にある防空壕として伝えられてきた1坪の部屋は、地下貯蔵庫として増築に併せて造られたのであろう。

註

1) 堀内正昭著,「現代GP環境のイベント『世田谷の原風景〜昭和初期住宅を体験する』の顛末」(昭和女子大学現代GP〔環境〕平成18年度・19年度活動報告書『世田谷の環境共生の人づくり・街づくり』,2008年3月所収,pp.52-59) 平成19 (2007)年7月から8月に,当研究室でS邸を調査し,その成果を同年11月の昭和女子大学秋桜祭にて復原模型として展示した。本報告書では,環境GPのイベントとしてこの展示を開催するまでの顛末を述べた。

   【調査参加者】(肩書は調査時のもの)

   池田未帆,今西秀美,小田島早矢香,片倉真里,高橋奈々,阪西麻衣,武藤茉莉 (昭和女子大学生活科学部生活環境学科3年)

   勝又美穂 (同大学人間文化学部歴史文化学科4年)

   坂本千尋,鈴木敬子,鈴木舞 (同短期大学部専攻科)

   【日程ならびに調査内容】

   平成19年7月6日:見学,写真撮影/8月2日:平面,立面の実測/8月3日:同左のほかに痕跡調査/8月4日:断面の実測,小屋組調査/8月14日:同左,基礎部の調査

2) 松坂和夫:1927年生まれ。1950年東京大学理学部数学科卒業。一橋大学教授,東洋英和女学院大学教授などを歴任。一橋大学名誉教授。著書に,『集合・位相入門』,『代数系入門』,『数学読本』など。2012年1月4日逝去。

3) 松坂和夫著,『二万日後』(私家版,2004年)

4) 2017年 (10月28日から12月3日) に世田谷区立郷土資料館で開催された「地図でみる世田谷」展の目録 (世田谷区立郷土資料館編集・発行,『地図でみる世田谷』,2017年) に,「1万分1地形図東京近傍十九号 世田谷」(大日本帝国陸地測量部,昭和5年10月25日印刷・30日発行) が収録されている。同地図欄外の「明治四十二年測圖昭和三年第三回修正測圖 (空中寫眞測量)」の記載から,昭和3年の空中写真測量に基づいて修正されたものとなる。同地図に「世田谷古地図」と同じS邸の輪郭が表示されている。なお,東京法務局世田谷出張所にて当該建物の登記簿を閲覧したが,昭和38年に所有権者が変わったことが最古で,それ以前の記録は見当たらなかった。

5) 『新修世田谷区史 下巻』(世田谷区,昭和37年),pp.414-419

6) 世田谷区総務部文化課文化行政係編集・発行,『ふるさと世田谷を語る 池尻・三宿・太子堂・若林・三軒茶屋』(平成6年),p.86,p.95

7) 『臺所と湯殿の設計』(主婦之友社,10版,昭和9年,初版昭和4年)

8) 『臺所と湯殿の設計』(前掲書),p.42

9) 『臺所と湯殿の設計』(前掲書),pp.85-86

図版出典

図11：世田谷古地図昭和4年（1929年）当時（世田谷区都市整備部地域整備課都市デザイン，平成19年3月発行，矢印は筆者記入）／図35，36，39『臺所と湯殿の設計』（前掲書）／それ以外の写真は筆者撮影，図面は筆者作成。

在りし日のS邸界隈（制作 2008年）

第2章　外は大壁、内は真壁造り―旧原乙未生邸（昭和初期）―

　世田谷区太子堂3丁目に旧原乙未生邸がある（以下原邸）。原邸へは、東急世田谷線の三軒茶屋駅から徒歩約10分である。同駅から茶沢通りを北にしばらく進むと、右手に太子堂郵便局が見える。そこから次の十字路を右折（東）して道なりに行く。今はもう面影はないが、この道は円泉寺へ至るかつての参道である。やがて左手（北）に急な坂道があらわれる。この坂をほぼ上り切ったところの木々に覆われた一角に、目指す原邸がある（図1）。

　原邸を調査することになったのは、筆者と同じ昭和女子大学に勤務する太田鈴子先生（人間文化学部日本語日本文学科特任教授（非常勤））からの情報提供による。平成26（2014）年9月25日、原邸を訪問し、相続者の一人で同邸を管理されている遠藤智子氏と面会した。当該住宅に関する図面資料等はないため、一目で建築上の価値があるとわかるこの昭和戦前の住宅の調査をお薦めし、後日、ご快諾を得た。翌平成27年4月11日再訪し、5月に調査を実施した[1]。

　その後時を置いて翌平成28年3月中旬、遠藤氏に連絡して近況を伺ったところ、この5月に土地家屋を売却することになったとの返答があった。そこで、これまでの調査を急ぎ見直した。復原考察ならびに記録保存をする上で漏れがあったため、追加調査を行った[2]（平成28年7月頃取り壊し）。

2-1　家屋概要

　原邸は急坂の上の高台に位置する。敷地は不整形な鉤形で、道路に面した東に一対の門柱（花崗岩製）がある。門柱から玄関までは緩やかに上りながら蛇行し、かつて敷かれていた石畳が部分的に残る（図2）。木造2階建てで、建物西面に付属する物置（押縁下見板）、その隣の台所（竪羽目板）を除いて、外壁全面はモルタル仕上げである（図3～6）。

　原邸は主屋と別棟（離れと呼ぶ）（図6）からなり、両者の配置は「くの字」を逆にしたようになる。原邸東面にある玄関は、外壁から半間後退して設けられ、左脇の窓を含めて鉤形に切り取った開口となる。高基礎（地上から550～680mm）で、玄関口へは4段の外階段が付く。東面1階向かって左半分が張り出し、縦長の開き窓を設ける。その2階中央にも同様の窓が付く。東面には急傾斜の大屋根が架かり、北側の屋根は腰折れとなる（図2）。建物南面は、向かって右から左に段々と部屋が張り出す。中央の部屋の前面には縦長の両開き窓が付き、その前をテラスにする。その2階部分は3方に開口部があり、軒の出の深い庇が付く（図3）。

　間取りについては、1坪の玄関土間に続いて1間幅の廊下がある（図7）。廊下の北側には便所と納戸（女中室）が、廊下の先（西）に台所がある。他方、南側には

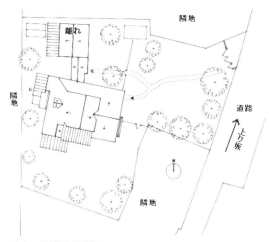

図1　原邸の配置図

図2　門扉から原邸を見る。

図3　外観・南面

図4　外観・北面

図5　外観・西面（物置は押縁下見）、屋根に換気用の屋根窓が付く。

図6　離れの外観・東面

応接間と和室（6畳）が並ぶ。この和室の南には3対の両開き戸を持つ4畳大の洋間（ベランダと呼ぶ）があり、テラスに出入りできる。台所の北側に洗面所と洗濯室を持つ浴室があり、その南側は茶の間となる。茶の間の南には4畳大の洋間（縁側と呼ぶ）が付く。納戸と洗面所の間の通路から廊下が延長され、離れへと至る。離れは8畳の和室に、4畳大の洋間が付く。

　2階へは途中に踊り場のある曲がり階段で行く（図8）。上がり切ったところにも1坪の踊り場があり、6畳間2室に通じる。2階西側の部屋の南に洋間（ベランダと呼ぶ）が張り出す。

　東西軸を棟とする切妻造りの大屋根を架け、その中央に今度は南北軸を棟とする切妻屋根を載せる。2階の切妻屋根は西方向に大きく流れているため、起伏のある造形を見せる。なお、台所の真上の屋根に換気用と思われる屋根窓（図5、開口部は閉鎖）が付く。洋瓦葺きを主体とするが、1階のベランダの上をトタン（亜鉛鉄板）葺き、縁側の上、物置の上、そして2階ベランダの上をトタン瓦棒葺きとし、台所の張り出し部分の上をトタン平葺きとする。応接間東側の庇は銅板の平葺き、離れへ至る廊下部分は和瓦葺き、離れは切妻造りの波形トタン板葺きで、西側の下屋庇をトタン瓦棒葺きとする。小屋組は和小屋である。

2－2　遠藤智子氏ならびに田渕佐智子氏からの聞き取り

　遠藤智子氏（昭和36年生まれ）は原乙未生の孫（三女千恵子の娘）に当たり、ここで生まれ育ち、平成元（1989）年まで居られた。田渕佐智子氏（大正11年生まれ）は、乙未生の次女で昭和31（1956）年まで同居された。以下、原乙未生に関する文献を参照しながら[3]、聞き取った内容をまとめる。

　原乙未生（1895～1990）は福岡県に生まれ、大正4（1915）年に陸軍士官学校を卒業する。その後東京帝国大学に員外学生として入学し、同大を大正12（1923）年に卒業する（卒業論文は「戦車設計」）。以後、陸軍砲兵大佐、陸軍少将となり、この間英国とドイツに駐在するなど、戦車開発の中心的な役割を果たした。昭和18（1943）年に陸軍中将となる。

　妻俊子との間に、2男4女を儲ける（このうち長女は若くして病死）。原一家は大正12（1923）年から昭和19（1944）年の暮れまで東京・阿佐ヶ谷に住む。その後戦局が激しさを増すなか、一家は疎開先を求め、神奈川県橋本に家を借りる。橋本に住んだのは、乙未生が昭和17（1942）年から相模陸軍造兵廠長を兼務しており、勤務先から近かったことによる。

　昭和20（1945）年5月頃、乙未生の広島への赴任に伴い一家は転居する。ただし、次女の佐智子氏は勤務（南多摩高校教諭）の関係でそのまま橋本に残り、三女千恵子は戦時中に結婚していたために同行していない。同年8月6日、広島に居た一家

－ 32 －

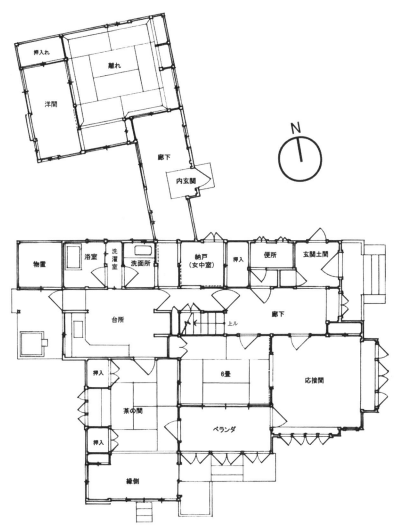

図7　1階平面図

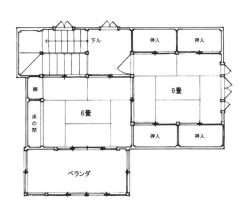

図8　2階平面図

は被爆する。乙未生は生き残ったが、妻と子供3人（2男と四女）を亡くしている。

　この間、昭和20年5月25日の空襲（山の手空襲）で阿佐ヶ谷の家は焼失したので、終戦後の数年、一家は橋本で暮らす。その後、乙未生は軍関係者から世田谷区太子堂に適当な住宅があることを知らされる。後年、千恵子はそのときの経緯を次のように回想する[4]。

　「阿佐ヶ谷の家が焼け、都内に帰る所が無くなった父を、同期生の橋本秀信様（筆者註：元陸軍中将、1895～1991）が心配して下さり、御自宅の近くの此の太子堂の家を見つけて下さいました。そして綾部橘樹様（筆者註：元陸軍中将、1894～1980）が、まだ交通不便だった神奈川県橋本にいた父に代わって、実地検分をして下さった結果、父は迷うことなくすぐ決め、未だ家には困っている人が多かった昭和二十六年に引っ越すことが出来ました。（中略）阿佐ヶ谷の応接間にあった家具調度や応接セットは戦災を免れ、そのまま此の太子堂の部屋に置かれました。」

　智子氏によると、阿佐ヶ谷の家が今の住まい、とくに応接間の雰囲気が似ていたことも購入する際の決め手となったようだという。阿佐ヶ谷の家の外観写真から（図9）、急傾斜の屋根と縦長の開き窓のある洋間を持つ和洋折衷住宅であったことがわかる。

　太子堂の家に入居時、乙未生のほか佐智子氏、三女（千恵子）とその夫の伊藤潔（元陸軍少佐）が同居する。伊藤家にはすでに長男（昭和22年生）がいて、後に長女（智子氏）が生まれる。入居後、乙未生は再婚（縣薫、昭和38年没）しているので、原邸には、多い時で乙未生夫妻、佐智子氏（昭和31年まで同居）、そして伊藤家の6人が暮らしている。

　乙未生は戦後、日本兵器工業会常任理事、いすゞ自動車（株）顧問、防衛庁技術研究本部顧問などを務めている。平成2（1990）年11月16日、95歳の天寿を全うした。

　原家と伊藤家の同居後の各部屋の使い方は以下の通りである。

図9　阿佐ヶ谷の家の外観

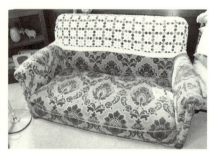

図10　昭和初期のソファー

- 2階西側の6畳間：乙未生夫妻の寝室
- 離れ：佐智子氏が結婚する昭和31（1956）年まで使用し、その後は智子氏の兄が使う。
- 応接間：入居後、隣室との境にある引分け戸の前にピアノを置いた（千恵子が使用）。応接セットは阿佐ヶ谷から橋本に移る際に持ち出した昭和初期のもの（図10）。
- 応接間隣接の6畳間：伊藤家夫妻の寝室で、智子氏は小学生の頃まで同衾する。
- 2階東側の6畳間：伊藤潔の姪が大学生時代（4年間）に使用、その後、智子氏が中学生になったときから使う。
- 女中は昭和26（1951）年の入居後の2、3年住み込みで居た（伊藤潔の郷里浜松市の出身者）。

遠藤智子氏によると、当該住宅は関東大震災後に伊藤姓の人が建てた。この伊藤某は遺産相続時に早く換金してしまいたかったので、乙未生は手ごろな値段で買えたという[5]。同姓であるが、伊藤潔の血筋とは関係なく、それ以上の事はわからないとのことだった。

乙未生入居後の主な増改築を以下にまとめる。
- 離れは、昭和26（1951）年の入居直後に増築。
- 昭和30年代半ば（1960年頃）、物置を増築。
- 昭和37、38（1962、63）年頃、1階に「縁側」を増築。
- 昭和45（1970）年頃、便器を洋式に変更。その前は小便器と和式便器があった。
- 昭和55年以降（1980年代）、離れの西側を増築。

佐智子氏によると、入居時、離れへ通じる廊下と主屋との境に出入り口があったという。

2−3　原邸の施主について

当該の土地家屋について登記簿で確認すると、以下の記載が見出せた[6]。
- 昭和26年2月19日受付、「世田谷区太子堂町83番地、伊藤誠ノ為メ所有権ヲ登記ス」
- 昭和26年2月19日受付、「木造瓦葺2階建、建坪　26坪5合、2階11坪2合5勺」
- （付記）昭和26年5月11日受付、「昭和26年3月14日、其住所ヲ目黒区中目黒3丁目984番地ニ移転シタルコトヲ付記ス」
- 昭和26年5月11日受付、「同年4月18日、売買ニ依リ　神奈川県高座郡相模原町橋本259番ノ3　原乙未生ノ為メ所有権ノ取得ヲ登記ス」

当該地の所有者は伊藤誠で、原乙未生は昭和26年4月、土地ならびに建物を購入したことが判明する。さらに当該地について調べてみると、以下の記載（一部省略）

があった。

　昭和2年6月2日受付、「同年3月2日、家督相続ニ依リ荏原郡世田谷町太子堂83番地　伊藤誠ノ為メ所有権ノ取得ヲ登記ス」

　以上から、伊藤誠は昭和2（1927）年に当該地を相続したことがわかる。伊藤誠ならびに住所を手掛かりに『日本紳士録』を調べると[7]以下の記載があった（ただし、再出の版は省略）。

　第34版（昭和5年）から、「荏原、中目黒、984」

　第37版（同　8年）から、「目黒区中目黒3ノ984」

　第39版（同　10年）から、「地主、目黒区中目黒3ノ984」

　第46版（同　17年）から、「地主、目黒区中目黒3ノ984、志保澤方」

　伊藤誠については、昭和5年刊行の『日本紳士録』が初出で、同10年刊行のものから、地主と加筆されている。『日本紳士録』の掲載情報は、刊行の1〜2年ほど前のものなので、伊藤は昭和3、4年には太子堂以外に中目黒に土地家屋を所持していたことになる。その記載内容から、伊藤の本宅は中目黒にあり、太子堂の方は貸家であったと思われる。

2−4　建築年

　原邸の小屋裏を覗いてみたが、棟札や幣串はなかった。当該住宅の記載は昭和26年の登記簿でなされたので、正確な建築年は突き止められない。遠藤智子氏に固定資産課税明細書に記載の築年を尋ねると、「昭和2年築」とのことであった。それに従えば、昭和2年は伊藤誠が家督相続をした年である。しかし、相続前後に新築した可能性も否定できない。

　ところで、当該住宅の元の地番である83番地は、その後分筆され、原乙未生が購入した昭和26年の登記簿では、地番は83番地5ならびに87番地5となっている。土地台帳では、これらは昭和5年に分筆されていた。この記載に従えば、当該住宅は昭和2年ではなく、昭和5年以前には遡れないという解釈もできる。

2−5　諸室について

a. 玄関（図11〜13）　ドアは内開きで、模様（枝葉）入りガラスをはめ込む。ドアの横幅は1069mm、高さは1927mmあり、とくに横幅が大きい。1坪の土間の北側に片開きの窓が付く。床は人造石塗研出し仕上げ（テラゾ）で、その四周に白タイルをはめる。真壁造りで、板張りの腰壁の上を漆喰塗りとし、天井はクロス仕上げである。

b. 廊下（図14、15）　真壁造りで、床は縁甲板張り、竪羽目板の腰壁の上は漆喰塗りで、天井はクロス仕上げである。天井高は2729mm。廊下西側の左半分に階段室、

右半分には両方向に開閉する自在戸があり、階段側にはめ殺しの欄間窓が付く。他方、廊下の東側には造り付けの地袋があり、出窓を設ける。地袋は天板に厚みがあり、2人掛けができる。

図11　玄関土間

図12　玄関土間・ドア側

図13　玄関ドア（模様入りガラス）

図14　廊下の西側を見る。

図15　廊下の東側を見る。
（玄関脇に2人掛けのベンチ）

c．応接間（図16～19）　真壁造りで、敷き詰められたカーペットを剥がすと、板張りであるが更新されている。壁は腰まで板張りで、その上を水色の漆喰塗りとする。天井は白漆喰仕上げで、井桁の中心飾りを持つ。天井高は2574mmで、天井面の北側両端に換気口がある。東面には床の間の落とし掛けのような垂れ壁が付く。その先には中央を両開き、両脇を片開きにした出窓があり、前方にソファーを置く。北面向かって右手、腰壁の上にガラス扉付きの本棚がある。ソファー、本棚とも造り付けである。本棚のガラス扉に幾何学的に組み込まれた桟は、出窓のそれと共通する。西面の中央を引分け戸とし、向かって左手のガラス戸はベランダに通じる。そして南面の出窓には、片開き窓が4枚付く。

図16 応接間・東面

図17 応接間・北面

図18 応接間・西面

図19 応接間・南面

d．和室6畳(図20)　真壁造りで、漆喰壁ならびに竿縁天井を持つ。天井高は2578㎜。南側に4畳大のベランダが付き、ベランダとの境に欄間付きの4枚のガラス戸を設ける。

e．ベランダ(図21)　南側に3対の両開き戸を付け、テラスに出入りできる。真壁造りで床は板張り、壁は漆喰仕上げで、天井をクロス仕上げとする。天井高は2347㎜である。

f．茶の間(図22、23)　6畳間の真壁造りで、長押を回す。西面の中央に地袋があり、その上に3対の片開き窓を設けて書院風の造りとする。その左右に、半間幅で両開き戸を持つ押入がある。壁はクロス仕上げで、半畳の掘り炬燵がある。竿縁天井で、天井高は2714㎜。

g．縁側(図24)　茶の間南側の4畳大の部屋で、縁側と呼ぶ。真壁造りで茶の間との境に建具ならびに敷居はないが、2本溝の鴨居と欄間が残る。縁側の床は板張りで、壁はクロス仕上げ、天井は合板張りで、天井高は2269㎜である。縁側の3方向に開口部があり、東西に引違い窓、南に欄間付きのガラス戸4枚を設ける。

h. 台所（図25） 流し等の設備、壁ならびに天井は更新されている。西面を出窓とし、その脇に土間付きの出入り口を設ける。天井高は2451mmである。外観に現れている屋根窓は、台所の中央に位置し、かつては屋根窓に通じる換気口が天井にあったと推察する（図5）。

図20　和室（6畳）

図21　ベランダ

図22　茶の間・西面

図23　茶の間・北と東面

図24　縁側

図25　台所

i. **納戸**（女中室）（図26）　真壁造りで、2面（西と南面）に出入り口があり、それぞれ引戸が付く（西面のものは更新）。1間幅の押入があり、床は板張りで（かつては畳敷きか）、漆喰壁とする。北面に両開き窓が残る。竿縁天井で、天井高さは2721mmである。

j. **便所**（図27）　すっかり更新されているが、北面の2ヶ所に両開き窓が残る。

k. **浴室**（図28～30）　洗面所（窓は引違いのアルミサッシュに更新）の奥に、洗濯室を挟んで浴室を設ける。浴室は舟底天井を持ち（天井高2500mm）、腰まで白タイル（152mm角）張り、その上を漆喰仕上げとする。床はモザイクタイル（25ミリ角）張りで、バスタブの1面にタイル張りが残る。北面の窓はアルミサッシュに更新されているが、戦前のものと思われるローソク球型の照明がある。入居時はガスの外焚きで、焚口は物置側（西）にあった。

l. **離れへの廊下**（図31）　縁甲板張り、壁は漆喰仕上げで、舟底天井を持つ。東西に引違い窓を設ける。東側に土間付きの出入り口があり、ここを内玄関と呼ぶ。

m. **離れ**（図32）　8畳の和室で、長押を回す。土壁仕上げ、天井は合板張りで、天井高は2425mmである。東面向かって左半分を収納（奥行461mm）、右半分を地袋付きの書院とし、東面一杯に天袋を付ける。南面に落とし掛けを持ち、幅1間奥行半間の張り出しがあるが、床の間ではなく、引違い戸が付く。この離れの西側に4畳大で押入が付く洋間がある。床は板張り、壁と天井はクロス仕上げで、下屋に合わせて天井は傾斜する。

n. **階段室**（図33）　蹴上174～194mm、踏面270～280mmの勾配の緩やかな階段（17段）で、階段室北側の2ヶ所に両開きの小窓が付く。竿縁天井で、階段室の壁の約半分は新しく白塗りがされているが、東日本大震災後の補修である。

図26　納戸（女中室）

図27　便所に残る開き窓

図28 浴室

図29 浴室のタイル

図30 浴室に残る照明器具

図31 離れへの廊下

図32 離れ・南面

図33 階段室

o. **2階西6畳**(図34)　真壁造りで、西面に同邸で唯一の床の間がある。その脇には地袋付きの棚がある。長押を回さず、竿縁天井の板は更新されている。壁は漆喰仕上げ、天井高は2576㎜。北面向かって右手に障子戸、左手の腰壁の上に障子窓を設ける。部屋の南側にベランダが張り出し、両者の境を4枚の横桟入りのガラス戸で仕切る。

p. **2階ベランダ**(図35)　4枚のガラス戸は青みがかった白ペンキ塗りで、戸当たりならびに上下枠を額縁のように回す。庇を受ける垂木が現れ、天井面は傾斜する（天井高は2150～2559㎜）。南面に、4枚の引違い窓（その下に磨りガラスの窓）と半間幅のはめ殺し窓があり、東西の窓はそれぞれ2枚の引違いとする（図3）。

q. **2階東6畳**(図36、37)　6畳の和室の南北両面をすべて押入とし、東面に縦長の窓を設ける。この窓の中央は両開きで、その両脇に片開きの窓を組み合わせる。壁と天井は漆喰塗りで、屋根の傾斜に合わせて、押入の奥の壁ならびに鴨居から上の壁は内側に傾斜している。西面の壁に換気口（縦150×横396㎜）が付く。天井高は2361㎜である。

図34　2階西6畳

図35　2階西6畳からベランダを見る。

図36　2階東6畳

図37　2階東6畳の押入

2−6　創建時の茶の間

原家の家族写真に、縁側が増築される前の茶の間を撮影したものがある。1枚は茶の間の室内で（図38）、もう1枚は外から写したものである（図39）。写っている人物は遠藤智子氏の兄伊藤節（たかし）氏で、撮影は昭和36（1961）年頃である。2枚の写真から、茶の間南面には腰壁上の中央に両開き窓が設けられ、両脇に同じ形状の窓が付いていたことがわかる。両脇の窓は、茶の間西面をはじめ同邸に多く残る片開き窓であったと考えてよいだろう。

図38　増築前の茶の間

ところで、茶の間南面の柱には被せ板が打ち付けられている（図24、図40の矢印①②の箇所）。被せ板を剥がしてみると、箇所①の柱面には窓台痕、貫穴、そして蝶番痕が残り、同所に腰壁ならびに開き窓があったことが確認できる（図41）。この窓台痕の床からの高さは583mmで、茶の間西面の窓台までの高さと同じである。

他方、箇所②の柱の痕跡は貫穴だけである（図42）。このことから、箇所①と②の柱間一杯に窓があったのではなく、箇所②には壁が付いていたことになる。その壁の幅は、茶の間西面の窓（開き窓3枚）の幅を参考にすると、2.5尺から3尺幅であったと推察する。なお、茶の間と縁側との境に2本溝の鴨居が残る（図24）。縁側増築後、これら2室を障子

図39　増築前の茶の間

（図38、39とも昭和36年頃、人物は伊藤節氏）

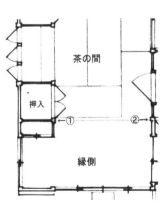

図40　茶の間南面の柱の被せ板
　　　（箇所①②）

図41　図40の箇所①の柱の痕跡
　　　（蝶番・貫穴・窓台痕）

図42　図40の箇所②の柱の痕跡
　　　（貫穴）

戸あるいはガラス戸で仕切っていたのだろうが、智子氏ならびに節氏にもその記憶はないという。

2-7 痕跡について

茶の間以外の室内の木部に残る痕跡ならびに明らかに後補による造作箇所を示したのが図43、44である。以下、箇所ごとに検討する（表1）。

表1 痕 跡

箇 所	状 況	考 察
①②	双方の柱面の同じ位置に貫穴が3ヶ所あり、埋め木がされている。	壁で閉じられていた。
③④	双方の柱面に被せ板あり。またこれらの柱間の敷鴨居にも被せ板。	当初は壁で閉じられ、原家入居前ここは出入り口であった。
⑤⑥	双方の柱の下部に柄穴あり。	敷居が差し込まれていた。
⑦	1本溝の鴨居が残る。	引戸があった。
⑧	1本溝の鴨居が打ち付けられ、年代物の引戸が残る。	明らかに後補で、かつてここに引戸はなかった。
⑨	柱面に貫穴あり。	壁で閉じられていた。
⑩	1本溝の鴨居があり、真下の敷居にレールの断片が残る。	引戸があった。
⑪	留め金具とネジ留め具が残る。	引戸に鍵をかけていた。
⑫⑬	双方の柱面3ヶ所に蝶番の留め痕が残る。	引違い戸ではなく、折りたたみ戸であった。
⑭	柱間の敷居に留め金具痕が3ヶ所残る。	
⑮⑯	柱の横に付け枠がある。	石膏ボードを止めた。
⑰⑱	双方の柱面に被せ板が残る。	改修理由は不明。

a.**箇所①②**（図45）　①②の柱面の貫穴の大きさは90×27㎜、貫穴の上下の間隔は675㎜で、ここはかつて壁で閉じられていたことになる。

b.**箇所③④**（図46）　③④については、佐智子氏からの聞き取りでは、原家の入居前はここに出入り口があった。箇所③④の被せ板を剥がすと、双方の柱面に貫穴の痕跡があり、さらに柱の外側には木摺ならびに外壁のモルタル仕上げの断片が残っていた（図47）。つまり、創建時に箇所③④は壁で閉じられていたのである。女中室に近いところに出入り口があった方が便利なため、原家の入居前にここに勝手口があったと考えられる。箇所①②と箇所③④がともに壁で閉じていたことから、こ

— 44 —

こは女中室の押入であったと推察する。

　ところで、入居後に増築された内玄関のドア（図43 A、図31）は年代物で、玄関ドアと同じく模様入りガラスがはまる。箇所③④の内法幅は781㎜、高さ1771㎜に対して、内玄関のドアの幅は790㎜、高さは1810㎜である。箇所③④は改造され、柱間ならびに敷鴨居に被せ板を回している。もとの開口部は現状より大きく、一回り大きい内玄関のドアが原家入居前に箇所③④で使用されていた可能性がある。

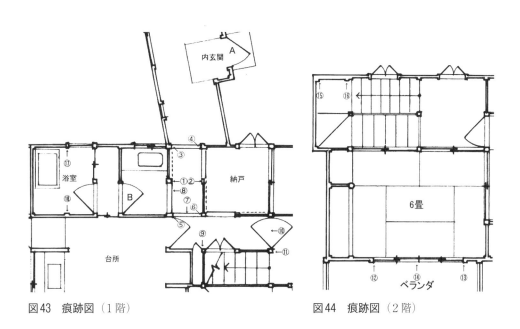

図43　痕跡図（1階）　　　　　　　　　図44　痕跡図（2階）

図45　柱面に残る貫穴　　図46　元出入り口の被せ板　　図47　箇所④の柱の痕跡（貫穴）
　　　（図43②）　　　　　　　（図43④）

c. 箇所⑤～⑧　⑤⑥に敷居を差し込んだ枘穴が残る（図48）。b. で考察したのと同様に⑧の引戸（図49）が古いため、⑦（図50）に用いられていた可能性を検討する。⑧の引戸は幅827mm、高さ1740mmに対して、⑦の柱間の内法幅は808mm、高さは1768mmである。引戸の幅は柱間以上のため条件を満たすが、高さは内法で28mm足りない。

　この引戸のある洗面所には同じく年代物のドア（図43 B）がある（図51）。そのドアの上下の框幅は、上框105mm、下框129mmである。⑧の引戸の上下の框幅はそれぞれ86mmと111mmである。仮に⑧の引戸が転用時に削られ、上框105mm、下框129mmであったとすると、不足分は解消される。このことから、箇所⑦の引戸が⑧で転用されていた可能性がある。

d. 箇所⑨　貫穴（成90mm）が見えるので、壁で閉じられていたことになる（図52）。

e. 箇所⑩⑪　鴨居に1本溝、敷居にレールの断片が残っているので、ここに引戸があったことになる（図53、54）。さらに箇所⑪の柱には、ネジ留めの痕と留め金具が残る（図55）。これらの痕跡は、引戸を廊下側からも階段室側からも閉じることができたことを意味する。

f. 箇所⑫～⑭（図56、57）　戸当たりと上下枠が作る額縁のような形状は、原邸の外壁に付けられた窓枠回りと同じであるため、箇所⑫⑬は外部に面し、蝶番痕からここに開き窓が付いていたと考えられる。敷居に残る3つの穴の意味を探る必要があるが、その大きさ（直径約12mm）から、開き窓の留め金具用の穴と考えられる。同箇所の開口部の内法幅は2405mmで、高さは1766mmである。同じ戸口である1階ベランダの戸の幅は約600mmなので、2階にも同じ大きさの戸が入っていたとすると4枚となる。

図48　柱の下部に残る枘穴
　　　（図43⑥）

図49　引戸（図43⑧）

図51　洗面所に残るドア
　　　（図43 B）

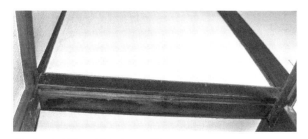

図50　1本溝の鴨居（図43⑦）

図52　柱面に残る貫穴（図43⑨）

図53　1本溝の鴨居（図43⑩）

図54　敷居に残るレール（図43⑩）

図55　柱に残る留め金具とネジ留め具（図43⑪）

図57　敷居に残る穴
　　　（留め金具用、図44⑭）

図56　柱面に残る蝶番の痕（図44⑫）

戸が4枚であれば、応接間南面の窓も参考になる。この窓全体の内法幅は2423mmで、箇所⑫⑬のそれとほぼ同じである。ただ、応接間の場合は片開き窓なので、柱間には3ヶ所に方立が付く。しかし、箇所⑫⑬の敷居には方立ての痕跡はない。そこで、同箇所には2枚1組の折りたたみ戸があったと仮定する。3ヶ所の穴の間隔は室内側向かって右から、586mm、643mm、595mm、581mmで、2対の折りたたみ戸を図解したのが図58である。3ヶ所の留め金具は各戸の縦框の端より15～27mm内側に付いていたことになる。1階ベランダの戸の縦框の幅は52～55mmであるため、折りたたみ戸の框に留め金具が打ち付けられる（図59）。

g．**箇所⑮⑯**（図60）　漆喰壁ではなく、指で押すとたわんだ。このことから、同箇所に表面を上塗りした石膏ボードを使用し、その押さえとして両端に付け枠を打ったことがわかる。

h．**箇所⑰⑱**（図61）　被せ板は柱の補修であろうが、その理由は不明である。

図58　2階西6畳の折りたたみ戸の図解

図59　1階ベランダの開き戸の留め金具

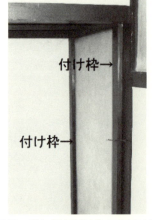

図60　壁に打ち付けられた付け枠
　　　（図44⑮⑯）

図61　浴室の柱の被せ板（図44⑰）

2－8 床面積から見た入居前の状況

原邸の床面積は1階113.38㎡、2階37.19㎡である。先に紹介した登記簿によると、昭和26年入居時の床面積は、1階26坪5合、2階11坪2合5勺であった。1坪を3.3058㎡として計算すると、2階は登記簿の数値と同じであるのに対して、原家入居時の1階は87.60㎡となり、1階の床面積の方が25.78㎡（7.80坪）大きい。

この増加分は、入居後増築した縁側と離れ、そして浴室西側の物置なので、これらを除いて床面積を再計算する。戦前は尺寸で設計しているので、調査で得た実測値を尺の近似値に換算してみると、1階は88.84㎡（26.875坪）となる。なお1.24㎡（0.375坪）の差が出る。小差であるが、登記簿上の数値とは一致しない。

ところで、台所の竪羽目板の外壁に開口部（ハッチ）があり、開けると隙間があった（図62）。ハッチから内壁までは約340mmで、内壁は目視では古いものではなく、ここにはガス管、水道管が通っているため、それらを隠すために改築し板で覆ったと思われる。台所の改築について、田渕佐智子氏は覚えていないとのことだった。そこで、入居前の台所西側の壁は後退し、出窓となっていたのではないかと推察し考察を加える。

台所の流し、調理台等の前にはしばしば出窓が設けられる。昭和初期の文献からは、出窓の奥行は1尺、1.2尺、1.5尺など様々である[8]。これらの数値を参考に、床面積から出窓分を差し引く。その際、台所にある出入り口もその分だけ後退していたとすると、出窓と出入り口の幅の合計は9尺（出窓部分6尺、出入り口3尺）となる。そして出窓の奥行を1.5尺とすると、丁度1.24㎡（0.375坪）となり、先の小差と一致する。このように床面積から見ると、入居前の台所の西側は奥行1.5尺（約45cm）の出窓であり、入居後に台所を改築したことになる。では、出窓にはどのような窓が用いられたのか。奥行が1.5尺の場合、流しからの距離があるので、引違い窓であったと思われるが、同時代の文献には開き窓の例も見られる（図63）。

図62 台所外壁のハッチ
　　　（内壁まで隙間がある。）

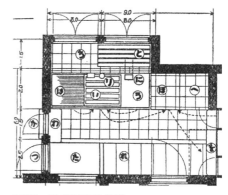

図63 開き窓の参考例

以下、そのまま解説を引用する[9]。

「流し台の向う一間を、奥行一尺五寸突き出し、タイルを張ります。窓は一間ですから、中央に柱を入れて、半間づゝとし、どちらも両開きの扉といたします。」

2－9　原邸の創建時の姿ならびに特徴

　台所と浴室回りが引違い窓あるいは開き窓であったのかまでは判明しない。いずれにせよ台所と浴室は裏手にあり、人目に付かないため、創建時の原邸の主要開口部はすべて縦長の開き窓（戸）で統一されていたと言える。2階西6畳間の南面の建具は折りたたみ戸であったと復原考察したが、そうであれば開け放すことができ、その前方にバルコニーあるいは庇付きのベランダが設けられていたはずである。今は高木や近隣の建物で視界が妨げられているが、伊藤節氏によればここから眼下を遠くまで見渡せ、南東に在る昭和女子大学が見えたという（直線距離で約900ｍ）。

　原邸主屋の南北軸はやや東に振られている。そのため、同邸の敷地の東にある坂道を登って行くと、かつては建物の南面と東面を同時に眺めることができたはずである。また、門は敷地の東北端にあるため、訪問者には今度は建物の東面と北面が見え、急傾斜の大屋根が織りなす見事な造形が目に飛び込んでくる（図2）。建物配置の軸をずらせた真意はさておき、原邸の持つ大きな魅力である。以下、意匠と間取りについて考察を加える。

　玄関脇に洋間を設けることは、大正から昭和にかけて建てられた多くの和洋折衷式の住宅に見られる。その際、洋間の外観は傾斜の強い屋根と縦長の窓を持ち、他の和室部分（引違い戸、緩勾配の屋根と和瓦葺き、押縁下見、真壁造りなど）とは区別されることが多い。それに対して、原邸は大屋根を架け、建物全体を洋風の外観で包み込んでいるため、外部からは和室の存在が感じられない。

　原邸の開口部は開き窓（戸）、しかも外開きなので、戸袋付きの雨戸は設けられない。洋式住宅で雨戸代わりに用いられる鎧戸もない。昭和戦前に流行った鉄格子は、応接間南面の小さなはめ殺し窓にのみ付くが、それは防犯上というよりアクセントである。このように、通常の感覚では原邸における防災や防犯上の配慮は十分ではない。室内の階段室前に鍵のかかる引戸を立て込んだのは、手薄な防犯上の対処であったのかもしれない。反面、それゆえに原邸は、白塗りの外壁に茶系の開口部の窓枠が映えるすっきりとした意匠を持つのである。

　通常和室には1間幅の押入が付く。しかし、原邸ではこの種の押入は納戸（女中室）と2階東6畳間の他にない。そのため、応接間に隣接する6畳間で使用する布団は、茶の間の押入から出し入れしている。押入が少ないと収納に影響する。2階東6畳間の両側面に造り付けた押入は、収納空間を確保するためからであろう。その意味で同室は居室というより、納戸と見なせる。しかし、同所の押入の内壁は斜めにな

— 50 —

り、見た目ほど収納できない(図37)。ここでも、いかに外観（急傾斜の大屋根）を重視していたかが窺える。

間取りについては、廊下を挟んで南に居室を、北に水回りを配しているので、中廊下式のように見える。中廊下式は以下のように位置付けられている[10]。

「この型は戦前の日本の都市中流住宅の一つの典型であった（略）。その特徴は、家の中に生産の場を持たないことと、部屋間を廊下を使って行き来できるため、部屋の独立性が高まったことだった。しかし、部屋を襖で仕切る点ではそれまでと同じで、プライバシーの確立とまでは行かなかった。さらに、家父長制度の下、座敷、応接間など主人の場所、接客の場所が重視された型であった。」

原邸では、廊下から茶の間に行き来できず、廊下が主要諸室に通じていないので、厳密には中廊下式とは言えない。通常、中廊下式の廊下幅は半間であるのに対して、そもそも廊下の幅が広い。この1間幅の廊下には2人掛けのベンチが据えられ、待合室のような雰囲気を醸し出している（図15）[11]。内開きのドアの存在からして、施主は洋式を強く意識し、そして接客を重視していたように考えられる。

外観を大壁によって洋風意匠で包む場合でも、室内の和室は伝統的な造作をして、洋間は大壁造り、和室は真壁造りとして区別することが多い。しかし、原邸では、床の間のある2階6畳間の南面には折りたたみ戸が設けられたと推察でき、和洋の造作が混在している。そして、何より原邸の室内は、洋間と和室を問わず真壁造りを主体とするところに特徴がある。室内を真壁造りにした例に、世田谷区には旧小坂家住宅（昭和12年築、区指定文化財）がある[12]。同住宅の玄関脇に設けられた書斎は、寄木張りの床、暖炉、そして出窓の意匠を洋風とするが、面皮柱を縦横に組んで室内を造っている（図64）。

その他、室内を真壁造りにした事例にあめりか屋の一連の住宅がある[13]。同社は橋口信助（1870～1928）が明治42（1909）年に設立した住宅供給会社で、大正5（1916）年、住宅改良会を発足させ、以後椅子座式の生活様式の普及に努めた。同社が提供した洋風住宅は、外部を大壁、室内を真壁で造る。建物内外を大壁造りにすると、開口部が大きく取れないため閉鎖的になり、それは湿気の多いわが国には向かない。そこで、柱間に制約なしに開口部が設けられる真壁造りを取り入れたのである。また、この方法で通常の大壁造りよりも建設コストは引き下げられ、洋風住宅の普及につながるとのねらいがあったという。あめりか屋による住宅は大正5年から昭和18（1943）

図64　旧小坂家住宅（書斎）

年までに計506棟あり、そのうち東京ならびに近郊に173棟が建てられた[14]。

原邸における同社の影響の有無はわからない。真壁造りを活かした大きな開口部と、連続して立て込まれた縦長の開き窓（戸）は、この洋館に魅力と開放感を与えている。

結　論

以上の考察を通じて、原邸については次のようにまとめることができる。

- 原邸のもともとの施主は伊藤誠であり、地主であった。同邸の建築年は確定できないが、伊藤誠の家督相続時の昭和2(1927)年頃から同5年頃と推察する。
- 昭和26 (1951) 年に当該住宅を購入した原乙未生は陸軍中将にまでなった軍人である。軍関係者の配慮によって太子堂に居を構えたことは、駒沢練兵場をはじめ陸軍と関係の深い世田谷（太子堂、池尻）の土地柄と無縁ではない。
- 原家の入居後、離れと縁側が増築され、便所、浴室、台所は改修されたが、それ以外は部分補修であり、創建時の姿をよく保持している。
- 原邸は、大正期から昭和戦前に至る住宅によく見られた中廊下式の影響を受けている。しかし、主要諸室が廊下で結ばれていない点で中廊下式とまでは言えない。
- 玄関脇に洋間を、その奥に南面して和室を配する点で、同時代の和洋折衷式の間取りと共通するが、外観上は和風の要素はほとんどなく、極めて洋風志向の強い住宅である。
- この洋風志向は、大壁造りの外観、急傾斜の大屋根、内開きのドア、1、2階とも一貫して使用された開き窓（戸）、玄関土間に続くベンチ付きの1間幅の廊下に顕著に見られる。
- 原邸における洋間（応接間）は真壁造りで、とくに東面には床の間の落とし掛けのような垂れ壁があり、連続する開き窓とともに和洋が折衷されている。また、唯一床の間を持つ2階西6畳間の南面には折りたたみ戸があったと推察され、茶の間西面では中央に地袋付きの棚と窓を、その両脇に押入を配したシンメトリーの構成がなされている。このような和洋の混在こそが原邸の特徴と言える。
- その意味で原邸は、例えばあめりか屋が大正期から昭和にかけて洋風住宅で試みたような新たな和洋折衷の流れの中に位置付けられる。
- 概して、戦前の家具類は残ることは少ない。原家に残る応接セットは、建物と同じ昭和初期のものと目され、創建時の好みをよく伝えていて貴重である。

註

1）【調査参加者】（肩書は調査時のもの）

内田敦子（昭和女子大学生活科学部環境デザイン学科・助教）

武藤茉莉（同大学大学院生活機構研究科生活機構学専攻3年）

鈴木梨紗子，福岡寿乃，山本菜摘（同大学生活科学部環境デザイン学科3年）

金谷匡高（法政大学大学院デザイン工学研究科建築学専攻博士後期課程3年）

高橋由香里（元日本女子大学家政学部住居学科研究生）

【日程ならびに調査内容】

平成27年5月2日：写真撮影，平面図のスケッチ，聞き取り／5月3日：平面図の実測，ドローンによる空中撮影（遠藤智子氏の夫，諭氏の操縦による。）／5月16日：展開図用（和室）のスケッチ，配置図用の屋根の実測／5月24日：展開図用（応接室）のスケッチと実測／5月30日：展開図用（和室）の実測，立面図と敷地図のスケッチ，痕跡調査

2）追加調査は，平成28年3月22日，25日，4月14日，5月8日に実施。これまでの調査を見直した。参加者は，武藤茉莉，金谷匡高，高橋由香里。

3）伊藤潔，田渕佐智子，伊藤千恵子編著，『原乙未生追悼集』（非売品，平成5年）

4）伊藤千恵子著，「父のこと」，『原乙未生追悼集』（前掲書）所収，pp. 334-335

5）原家に売買契約書が残る。契約日は昭和26年4月8日，売買代金は60万円であった。公務員大卒初任給を例に昭和26年と現在を比較すると，約30倍であり，約1800万円となる。参考：「国家公務員の初任給の変遷（行政職棒給表（一）－人事院）」。www. jinji. go. jp/kyuuyo/kou/starting_salary.pdf　平成28年5月10日閲覧

6）東京法務局世田谷出張所にて，当該地の地番83番地に関する登記簿，土地台帳すべてを閲覧した。引用に際して漢数字を算用数字に改めている。

7）『日本紳士録』（交詢社，明治二十二年創刊）

8）参照，『臺所と湯殿の設計』（主婦之友社，10版，昭和9年，初版昭和4年）

9）『臺所と湯殿の設計』（前掲書），pp. 52-53

10）「住宅規模の拡大と間取りの変遷」，経済企画庁編，『国民生活白書（平成7年版）』所収（大蔵省印刷局，平成7年），p. 33

11）遠藤智子氏によると，太子堂の家にはかつて医者が住み，診療所として使っていたとの伝聞があるという。確かにベンチ付きの1間幅の廊下は待合室を連想させる。

12）世田谷区教育委員会編集・発行，『世田谷区文化財調査報告集 第10集 古建築緊急調査報告 その5 旧小坂家住宅』（平成13年）

13）内田青蔵著，『日本の近代住宅』（鹿島出版会，1992年），pp. 163-166

14）内田青蔵著，『住まい学大系／006 あめりか屋商品住宅「洋風住宅」開拓史』（住まいの図書館出版局，1987年），p. 171

図版出典
図9:『原乙未生追悼集』(前掲書)／図38, 39:家族アルバムから(原家所蔵)／図63:『臺所と湯殿の設計』(前掲書)／それ以外の写真は筆者撮影,図面は筆者作成。

旧原乙未生邸（制作 2016年）

一色邸（制作 2016年、第5章参照）

第3章　2つの中廊下—平井邸（昭和5、6年）—

　平井邸へは、東急大井町線の自由が丘駅（東急東横線も乗り入れ）と緑が丘駅、そして東急目黒線の奥沢駅が利用でき、各駅から徒歩10分以内という交通の至便な住宅街に位置する。平井邸を調査することになったのは、奥沢在住の鈴木仁氏（NPO法人土とみどりを守る会理事）の紹介による。鈴木氏より、知人の平井進氏が自宅の歴史的価値に関心を持っているとの知らせを受けた。そこで、平井氏と直接連絡を取り、調査のお伺いをすると、「うちの場合、建築時の図面は残っています。家をどうするかまだ決めていませんが、調査して報告書が残るのであれば、家も喜ぶでしょう。」との言葉をいただいた。平成26年12月11日、紹介者の鈴木氏と共に平井邸を訪問し、年明けに調査をすることとした[1]。

3-1　家屋概要

　平井邸は木造2階建てで十字路の角地にあり、敷地の南ならびに西側が通りに面する（図1～5）。建物西側に車寄せを持つ玄関がある。玄関部の腰壁は縦羽目板と押縁下見で、その上を漆喰仕上げとし、その右手（南）に洋間が張り出す。洋間の外壁はモルタル仕上げで、窓に鉄格子が付く。玄関部分の押縁下見は建物の南面、東面、北面にも用いられる。

　間取りについては（図6、7）、玄関土間に続いて玄関の間があり、南に応接室を置く。玄関の間から東西に長い中廊下を設け、中廊下の北側に西から、便所2ヶ所、内玄関、化粧室、洗面所、浴室、女中室が続き、台所に至る。建物の南側には、居室、もう一つの廊下を挟んで主婦室、茶の間があり、それら3室の前を縁側とする。

　2階には、8畳と4畳半の和室のほか納戸があり、南に縁側（広縁）を設ける。

　2階と玄関部を入母屋造り、元女中室を切妻造りとするほかは寄棟造りである。主として桟瓦葺きであるが、洋間をトタン瓦棒葺き、1階南側の下屋をトタン横葺きとする。床面積は1階174.9㎡（52.92坪）、2階54.8㎡（16.58坪）、計229.7㎡（69.5坪）である。

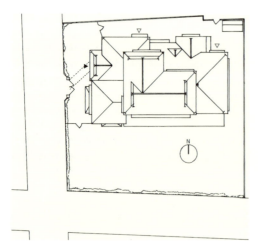

図1　平井邸の配置図

図2　平井邸・西側正面

図3　平井邸・南側

図4　平井邸・東側

図5　平井邸・北側

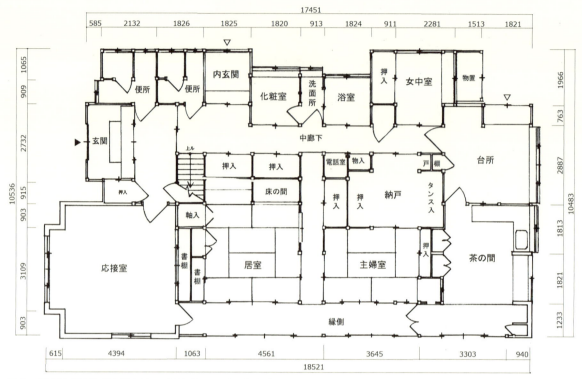

図6　現状1階平面図（部屋名は創建時の図面に倣う。）

図7　現状2階平面図

3－2　平井進氏からの聞き取り

　平井進氏によると、昭和7（1932）年に若目田利助が当該住宅を建て、祖父の健吉が昭和29（1954）年に買い取ったという。まず平井家について記す。

　祖父の平井健吉は、香川県小豆島で醤油と素麺を製造する庄屋格の家に明治33（1900）年に生まれる。東京帝国大学農学部を卒業後、日本勧業銀行に就職する。各県の支店長を経て同常務となる。その後、日本勧業証券、東邦モータース会長、日本塩回送社長（香川県発祥の会社）を歴任する。平成5（1993）年死去。当該住宅は昭和29年以前に日本勧業銀行の社宅となり、平井家は昭和26年頃から入居をはじめ、健吉が定年になったときに、買い取ったという。なお、健吉は戦時中、わが国の外交官小村寿太郎（1855～1911）の三宅坂にあった家に住んでいたという。

　父の平井弘は、奥秩父の神官の家系に大正8（1919）年に生まれる。東京帝国大学法学部を卒業し、軍役後、日本発送電と関西電力に勤務する。55歳の定年後この奥沢の家に移り、祖父と同居する。平成26年死去。

　平井進氏（昭和22年生まれ）は、幼稚園に行く前の一時期当該住宅に居たが、父の都合で兵庫県西宮市に移る。昭和45（1970）年に大阪大学を卒業し、ソニーに入社する。その時に奥沢の家に移り、結婚する昭和50（1975）年まで住む。

　平井家の3世代が同居していたのは、昭和29（1954）年に健吉が買い取るまでの3年ほどで、そのとき、祖父母、克子（健吉三女）、両親の弘と乙子（健吉長女）、そして進氏の6人で、ほかに女中が居た。女中は昭和50年頃まで住み込みで、それ以後は平成11（1999）年に母が亡くなるまで、週2～3日の通いであった。

　部屋の使い方については、正面の玄関は客用で、家族は内玄関を使用した。女中は台所から出入りした。1階の応接室は客間で、話好きの祖母が使用した。居室では祖父が囲碁を打っていた。主婦室は祖父母の寝室で、ベッドを2台置いていた。両親ならびに幼い進氏は2階の8畳間、克子は2階の4畳半を使用した。2階の縁側（広縁）は洗濯物干し場で、2つある便所は、玄関に近い方が来客用であった。

　昭和29（1954）年頃、父が日本発送電から関西電力に移ったときに、祖父母と女中の3人となった。その後、同じ小豆島から祖母の甥が2人、それぞれ時期は異なるが東京の大学に通うため、入れ違いに2階4畳半を使用した。なお、元の持主であった若目田利助の息子の利夫が父と同じ会社の人であったという。

　以上の聞き取り内容を登記簿で確認すると、「昭和貳拾五年拾月参日（略）日本勧業銀行ノ為メ所有権ノ取得ヲ登記ス」、そして「昭和貳拾九年七月拾貳日（略）平井健吉ノ為メ所有権取得ヲ登記ス」との記載があった。

　つまり、昭和25年10月3日に日本勧業銀行の所有（社宅）となり、昭和29年7月12日に平井健吉が買い取ったのである。平井家入居後の主な改築は以下の通りである。

- 昭和50年代、応接室南側の出入り口を閉じ、浴室の北側出入り口を埋める。また、同年代に、大谷石の門柱をタイル張りのものに、木製の門扉を鉄製のものに代える。
- 平成8（1996）年、茶の間を板張りとし、新たにキッチンを設ける。それに伴い台所を改修する。応接室の陸屋根に屋根を付ける。
- 平成10（1998）年、応接室の窓、台所の勝手口をサッシュに更新するとともに、応接室の床下を修理する。
- 平成16（2004）年、化粧室と女中室を板張りにする。

3－3　若目田利助について

　当該住宅の登記簿を遡ってみると、「昭和六年拾弐月弐日、若目田利助ノ為メ所有権ヲ登記ス」との記載があった。では、昭和6（1931）年12月2日に当住宅を登記した若目田利助とは誰なのか。まず、紳士録に、「川北電気土木工事、京都電機各（株）取締、日本放送協会関東支部理事、世田谷区玉川奥澤、一ノ四四七」[2] と書かれていた。ここに記された住居表示奥澤1ノ447は、当該住宅の町名変更前のものである。従って紳士録の若目田利助は同姓同名の別人ではなく、同住宅の施主その人である。『大正人名辞典』には、「（略）日本電話工業会社の専務取締役たりしことあり　現に川北電機製作所取締役たり」[3] との記載があった。この日本電話工業会社は、社名変更して日通工株式会社となり、さらに社名を変えて現在に至る。日通工時代の社史に若目田利助の詳細な記載があったので、経歴等を要約する[4]。

　若目田利助は明治12（1879）年12月、栃木県塩谷郡矢板町に生まれる。明治35（1902）年7月、東京帝国大学卒業後、逓信省に入省。明治40（1907）年、功により勲五等瑞宝章を授与される。明治42年より1年間、欧米に留学し、大正6（1917）年末には、逓信技師とともに逓信官吏練習所を兼務する。同年、大学同期生の川北栄夫が川北電気企業社（創業明治42年）内に日本電話工業を起業したとき、川北は若目田を招く。若目田は逓信省を退官し、大正7（1918）年、日本電話工業の代表取締役に就任する。なお、若目田は逓信省時代の、『電気学手ほどき』、『電気技術者用　電話学』などの著作を残す。

　当初、日本電話工業は大阪市北区にあった。同社は昭和7（1932）年、大阪市此花区に本社を移す。このとき若目田自身は、東京放送局（現・日本放送協会、NHK）設立に名を連ね、逓信協会理事、電信電話学会幹事のほか多くの役職を兼ねている。昭和12（1937）年、日本電話工業は他社と合併し、日本通信工業株式会社が設立される。若目田は取締役社長となり、本社は東京市麹町区丸ノ内に置かれる。昭和20（1945）年4月、高齢を理由に若目田は辞任する。昭和35（1960）年7月17日、80歳にて逝去。

3－4　図面資料について

　当該住宅の関連資料については、平井家に以下8点の図面がある。No.1～7までは青図、No.8は方眼紙に書かれている（単位は㎜）。

　　No.1 若目田邸新築設計図　縦548×横787

　　No.2 若目田邸新築設計図　縦375×横536

　　No.3 若目田邸新築設計図　主要間内部見附立面図　縦790×横545

　　No.4 配置図　縦265×横380

　　No.5 新築電燈配線図　縦548×450

　　No.6（図面の名称記載なし）電燈配線図　縦555×横466

　　No.7 緑ヶ丘社宅　縦312×横476

　　No.8 常務社宅（平井常務）候補　縦400×横550

　これらの図面には建築年の記載はないが、No.1から3は、若目田邸という表記から創建時の図面である。No.4には道路（公道）と敷地のほか、建物1階の外壁が示され、住居表示は「玉川村奥沢447 若目田利助」となっている。昭和7年に世田谷区の成立により同表示は「玉川町奥沢」になるので、それ以前、すなわち創建時の図面である。No.5の新築電燈配線図は、新築の文字の前の箇所（おそらく若目田邸と書かれていた）が切り取られている。部屋名はNo.1と一致するので、創建時の図面と考えられる。No.6は「奥沢1－453」の住居表示から、町名が変更された昭和45（1970）年以後のものとなる。No.7とNo.8は、社宅という表記から、日本勧業銀行が購入した昭和25（1950）年から平井健吉が買い取る昭和29年までの図面となる。以下、本稿では創建時の図面（No.1から3）と社宅時の図面（No.7と8）を紹介する。なお、関連資料には家族写真がある。

a) 創建時の図面

1．若目田邸新築設計図（No.1）

　1階平面図ならびに東西南北の各立面図が描かれ、1階平面図の上に2階平面図を貼り重ねる（縮尺は100分の1）。平面図には部屋名称をはじめ、諸室ならびに建具の書き込みがあり（図8～11）、応接室に赤字で「施行規則第二七條但書ニ依リ地方長官ノ許可ヲ受ケル部分」の記載がある。施行規則というのは、大正8（1919）年に制定された市街地建築物法のことで、その施行規則第27条の内容を以下に記す[5]。

　屋根ハ耐火構造ニ非サルトキハ不燃材料ヲ以テ覆葺スヘシ但シ「モルタル」塗、漆喰塗ノ類ヲ以テ覆葺セムトスルトキハ地方長官ノ許可ヲ受クヘシ（略）

　つまり、応接室上のモルタル仕上げの陸屋根への施工規則となる。

2．若目田邸新築設計図（No.2）

　同図面は「基礎断面図」、「二階小屋組平面図」、「二階梁組及下屋小屋組之平面図」、

そして「基礎及土台配置図」で、とくに通し柱には四角の囲い込みをして、他と区別する。

3．若目田邸新築設計図　主要間内部見附立面図（No.3）

縮尺50分の1で、以下の諸室の展開図である。「応接室 洋間」、「居間八」、「主婦室六」、「茶ノ間六」、「二階四・五」、「二階八」、「台所」（原文のまま、漢数字は畳数）

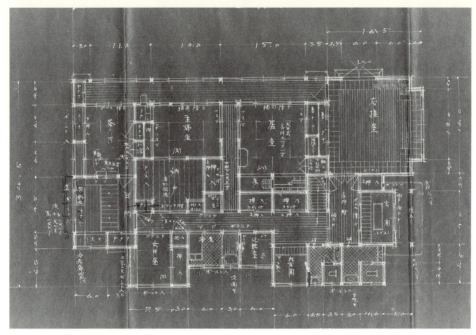

図8　創建時の1階平面図（方位は上が南）

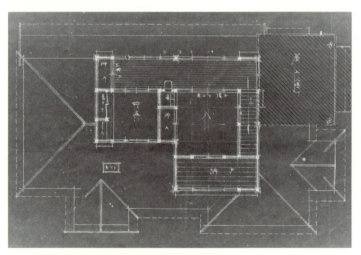

図9　創建時の2階平面図（方位は上が南）

— 62 —

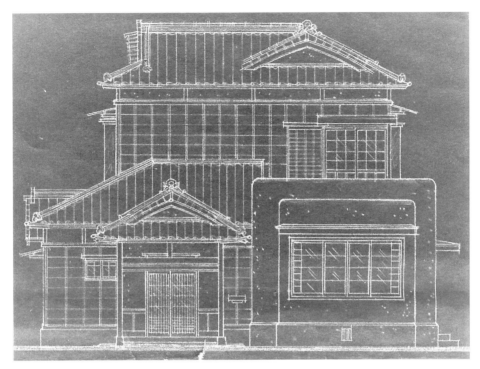

図10　創建時の西立面図

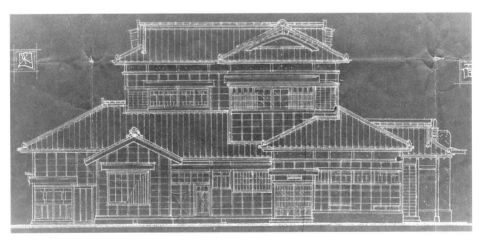

図11　創建時の北立面図

b）昭和25年頃から同29年の図面

1．緑ヶ丘社宅（図12）（No.7）

　同図面は、配置ならびに1階と2階平面図で、以下の説明書きがある。

当社5：緑ヶ丘社宅（平井常務）、場所：世田谷区玉川奥澤町1丁目453、敷地：所有地177.00坪、建物：1階52.92坪、2階16.58坪、計69.50坪、物置：1.12坪、附帯：電話、水道、瓦斯　北側：トタン塀、西側：生垣（建仁寺垣）、南側：生垣（建仁寺垣）、東側：板塀

2．常務社宅（平井常務）候補

　同図面はA2サイズの方眼紙に鉛筆で手書きされたもので、以下の記載がある。

場所：世田谷区玉川奥澤町1丁目453　若目田利助　電（02）2131

環境：中流及上流住宅地帯

交通：当行ヨリ省線大井町線利用徒歩10分共50分内外

建物：木造瓦葺2階建　延69.50坪（1階53.25坪。2階16.25坪）

附帯：水道8ヶ所　瓦斯8ヶ所　電話付、建築：昭和7年ニテ中等一部上等ナリ

保守：保守悪ク各所修理ヲ要ス、敷地：建物付売地177.00坪、仲介：直接ニテ可

評　価　項　目	価　格　（円）
土　　　　　地	1,200 × 177 = 212,400
建　　　　　物	15,000 × 69.5 = 1,042,500
電　　　　　話	50,000
応　接　セ　ッ　ト　1式	100,000
計	1,404,900
修理　門扉及塀改造	40,000
屋　根　及　樋　廻　り	30,000
畳　　襖　　修　　理	30,000
木　部　及　建　具　廻	40,000
壁　塗　及　水　性	50,000
灰　　　洗　　　ヒ	25,000
電　気　水　道　下　水	25,000
其　　　　　他	10,000
計	250,000

　　　結論　相当破損ヶ所アリ且<u>間取的ニ否能率ナ建物ト思考スルニ付</u>評価以内ナレバ良好ト認メルガ急ヲ要セザレバ他ニ物色スルヲ得策ト認ム（下線筆者）

　　その他、図面には、境界の北（トタン塀）、西（生垣）、南（四つ目垣）、東（四つ目垣）の記載がある。上の価格を現在（平成27年）の値段に換算してみる[6]。例えば公務員大卒初任給（昭和29年）で比較すると、約21倍である。当該の土地一坪は2万5

— 64 —

千余円、築20年の中古住宅は2200万円弱となる。

「緑ヶ丘住宅」と「常務社宅」に記されていた敷地境界の仕様については、北側のトタン塀のみが同一であり、前者の建仁寺垣（西と南）と板塀（東）は、後者では生垣（西）と四つ目垣（南と東）に代わっている。トタン塀は敷地北東隅の物置近くに（図13）、また四つ目垣の一部が残っている。平井氏によると、トタン塀は平井家入居時にはあったが、建仁寺垣があったかどうかはわからないという。このことから、「緑ヶ丘住宅」より「常務社宅」の方が後に描かれた図面と考えられる。

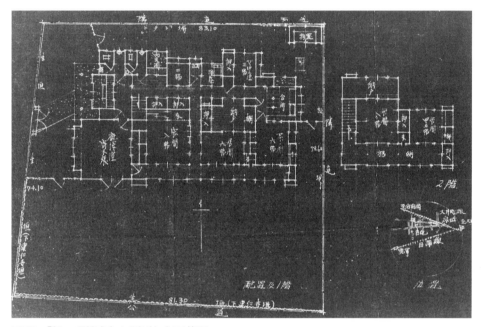

図12 「緑ヶ丘社宅」と呼ばれた平井邸

図13 敷地北東隅に残るトタン塀

3－5　建築年

　前節で紹介したように「常務社宅（平井常務）候補」の図面（図面資料No.8）に、昭和7（1932）年との鉛筆書きがある。しかしながら、若目田利助が当該住宅の所有権の登記をしたのが昭和6年12月2日であったので、昭和7年は建築年ではなくなる。さらに、登記は建物完成後任意になされるので、昭和6年も竣工年とは限らない。

　傍証となるが、別の観点から建築年を推察してみる。図面資料No.4の配置図には当該住宅の案内図があり、目蒲線と大井町線の路線が書き込まれている（図14）。目蒲線は大正12（1923）年に、大井町線は昭和4（1929）年11月に自由ケ丘（現、自由が丘）・二子玉川間を、同年12月に大岡山・自由ケ丘間をそれぞれ開業している[7]。同案内図には出願地と書かれていることから、当該住宅が建てられたのは大井町線開業後となる。このことから、建築年は昭和5年から登記された昭和6年12月までの間と考えられる。

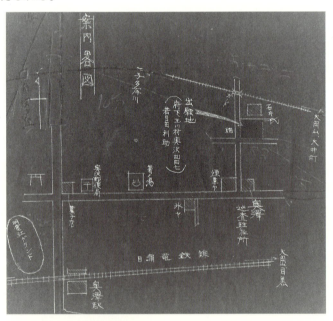

図14　創建時の建物案内図

3－6　諸室について

a.玄関（図15～17）　車寄せは市松模様の格天井を持ち、その下のテラスは人造石塗り洗出し仕上げである。玄関はガラスの引戸であり、その前に板戸が付く。土間は3畳大で、人造石塗り研出し仕上げとする。土間に水取り勾配があり、玄関正面

向かって右手前隅に排水溝がある。土間の横幅一杯に式台があり、その前に沓脱ぎ石を置く。土間の右手に造り付けの下駄箱を設ける。その奥行は内法で858㎜あり、下駄箱としては深い。土間から上がり框までの高さは450㎜、天井高は2618㎜である。天井の縁に鏡板を回し、その中を竿縁天井とする。

　玄関の間は4畳大の板敷で、上がり框に舞良戸を付ける。玄関の間の天井高は2524㎜で、長押を回し、竿縁天井を持つ。玄関の間には押入があり、それは下駄箱の上に設けられている。下駄箱の奥行が深いのは、押入の大きさに合わせているからである。

図15　車寄せ

図16　玄関土間

図17　玄関土間の天井

b. 応接室（図18～24）　天井高の約3分の2までをベニヤ製のパネルで覆い、残り3分の1を白の上塗りとする（一部壁紙を貼る）。西面の中央は凸状に張り出し、ダイヤガラス入りの窓をはめる。東面に造り付けの書棚があり、地袋と天袋の間を引違いのガラス戸とする。東面の右手に縁側に通じるドアがある。南面に引違いの窓が、北面には横幅910mmのドアが付く。床は寄木張りで、天井は中央を一段高くした格天井とし、床からの高さは2890mmである。天井隅の対角線上の2ヶ所に換気口を設ける。天井板は表面の一部がめくれており、薄くそいだ突板である。

　応接室関連の創建時の図面（図面資料No.3）では、南面は窓ではなく戸口であり、北面に「色漆喰」の記載がある。この戸口については、聞き取りならびに戸口の外部に庭へ下りる階段が残っていること（図23）、さらに平井家提供の写真（昭和51年撮影：図24）から、図面通りの造作がなされていたことがわかる。色漆喰については、壁面の一部に亀裂があり、そこにねずみ色の漆喰壁が見えた。

c. 居室（図25、26）　北面の右に床の間を左に違い棚を設け、床の間手前に書院を付ける。西面には押入のほか、タンス、そして軸入用の収納を造り付けとする。東面にある書院は角をとった八角形である。南面には引違いの猫間障子を建て付け、欄間窓を設ける。長押を回し、猿頬の竿縁とする。長押の上は土壁で、天井高は2934mmである。

　ところで、居室に設けられた押入の奥行は425mmで、通常の3尺（909mm）の奥行がないので、布団を収納できない。そのためこの部屋は寝室として使わずに、客間を想定していたのかもしれない。ただし、居室と隣の主婦室の間の廊下に通常の大きさの押入が設けられているので、寝室として使用することに支障はない。

図18　応接室・西面

図19　応接室・東面

— 68 —

図20 応接室・南面

図21 応接室・北面

図22 応接室・寄木張りの床

図23 応接室・外階段と庇が残る。

図25 居室・北面

図26 居室・東面

図24 応接室・南面戸口
(昭和51年3月)

d. 中廊下（図27）　中廊下の南側には、居室の裏に当たる所に押入が2つある。それぞれ引違いの舞良戸が付き、天袋がある。中廊下の中程に電話室があり、納戸に接して物入がある。創建時の図面の中廊下に「天マド」の書き込みがあるが（図28）、実際には天窓のあった形跡はない。

e. 主婦室と納戸（図29、30）　主婦室東面に床の間と書院を設ける。ただし、床の間の鴨居には2本溝があり、元は押入であった（敷居は改修されて溝の痕跡はない）。縁側に面する書院は縦繁障子と菱欄間を持ち、隣に小舞竹を見せた下地窓を並べる。この下地窓の縁側に掛け障子が付く。南面には、居室と同じく猫間障子を建て付け、欄間を設ける。長押を回し、その上を土壁とするのは居室と同様である。

　主婦室奥の納戸は7.5畳大で、床は板張りである。納戸の正面左に押入、右手にタンス置き場が用意されている。納戸の中廊下側に欄間が付く。創建時の中廊下の天井面に予定されていた天窓は、中廊下のみならずこの納戸を明るくする意図があったことがわかる。

f. 茶の間と台所（図31～34）　茶の間は天井を含めて改装されているが、創建時の面影は南面の欄間に残る。茶の間と接する台所の南面には、引違いのガラス戸を持つハッチが残る。台所の西面には中廊下へ通じる板戸、その左隣に物入がある。東面には横長の出窓があり、かつてここに流しのある台所があった。北面には洗濯機と洗濯流しが置かれ、その右半分は勝手口の土間である。

　創建時の図面では台所の東側に出窓はなく、出窓が書き足されている（図34）。流しの前には出窓があった方が便利なこと、現在の出窓にはめられた鉄格子は、他の箇所のそれと同様に古いことから、台所の出窓は創建時からあったと考えられる。

g. 縁側（図35）　縁側南面の鴨居は2本繋ぎの杉丸太で、応接室寄りの丸太は長さ5624mmで直径180mm（末口160mm）、茶の間寄りの丸太は長さ7888mmで直径220mm（末口145mm）である。創建時の図面には「吉ノ丸太 末口5寸」との記載がある。

左：図27　中廊下

右：図28　創建時の中廊下に予定されていた天窓（「天マド」と表記）

図29 主婦室・東面

図30 主婦室に隣接する納戸

図31 茶の間・南側に残る欄間

図32 台所・東面

図33 台所・北面

図35 1階・縁側

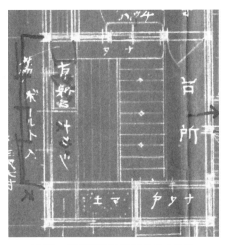
図34 台所東側の出窓の書き込み

h. 便所（図36、37）　隣り合う便所のうち、玄関に近い来客用の方が大きい。来客用の便所にはタイル張り（110mm角）の床ならびに腰壁（高さ910mm）が残る。腰壁から上は漆喰壁である。天井高は2996mmで、竿縁天井を持つ。家族用の便所の内装は改装されている。来客用便所の戸は縦羽目板で、上に模様入りガラスが入る。家族用のそれは舞良戸で、上に同じく模様入りガラスが入る。

i. 内玄関（図38）　コンクリート土間で、土台（115mm）の上に幅木（203mm）があり、漆喰壁とする。式台の土間からの高さは360mm、板の奥行は438mm。玄関の戸口は欄間共々磨りガラスで、中廊下側はガラス戸である。天井高は3023mmで、竿縁を持つ。

j. 化粧室（図39）　北面の柱間一杯に引違い窓を付け、出窓とする。出窓の前に板（奥行247mm）を敷き、その下の左半分を地袋、右半分を掃出し窓とする。天井高は2197mm。床は畳から板張りに改修され、壁は漆喰仕上げである。出入り口は引違いの磨りガラス戸で、北側に縦繁の磨りガラス戸を設ける。

k. 洗面所と浴室（図40～43）　洗面所の洗面器回りはタイル張りで、流しは陶製。漆喰壁である。浴室は、北と南側にそれぞれ2枚の引違い戸がある。北面に横軸の回転窓が付き、右寄りに煙道の痕がある。天井は段差があり、高いところ（高さ2417mm）を網代にする。網代天井の周りの4面に換気口があり、その上の屋根を千鳥破風として湯気を逃がしている。浴室の腰壁まで白タイルを張り、その上を縦羽目板とし、目地を半割の竹で止める。浴室の北面の右半分は同型のタイルで改修されている。なお、浴室の外壁側には引戸と戸袋が付く。

l. 女中室（図44）　左手（西側）に押入がある。床は畳から板張りに改修されている。壁は漆喰で、天井近くに呼び鈴が残る。

m. 2階：縁側（図45）　縁側の幅は1825mmあり、広縁である。天井高は2661mmで、東奥に舞良戸付の押入を設ける。縁側西端の引違い窓は、かつて応接室の上に造られたバルコニーへの出入り口であり、ここに屋根を架けてからは閉じられている。

図36　2つ並ぶ便所

図37　便所（客用）

図38　内玄関

図40　洗面所

図43　浴室・外観

図39　化粧室

図41　浴室内北側の新旧のタイル
　　（矢印の範囲が新タイル）

図42　浴室の網代天井

図44　女中室に残る呼び鈴

n.2階：8畳間と納戸（図46）　東面に押入と書院付きの半間の床の間がある。書院は小舞竹を見せる下地窓であり、縁側に掛け障子が付く。南面は猫間障子で欄間を設ける。土壁で長押を回し、天井高は2793mmで、猿頬天井を持つ。納戸は漆喰壁で、北面の間口一杯にガラス窓がある。天井高は2618mmで竿縁を持つ。

o.2階：4畳半間（図47）　東面にタンス入と引違いの模様入りガラス戸が付いた書棚（中は5段）があり、天袋が付く。北面に引違いのガラス戸が入る。南面は額入り障子で、欄間が付く。土壁で長押を回し、竿縁天井までの高さは2658mmである。

　なお、平井家入居前からあった照明器具は次の6ヶ所にある。玄関の間（図48）、中廊下、1階縁側（図49）、洗面所、居室と主婦室との廊下、2階4畳半。

図45　2階・縁側（広縁）

図46　2階・8畳間・東面

図48　玄関の間の照明器具

図47　2階・4畳半間・北東面

図49　1階縁側の照明器具

3－7　改修の痕跡について

　主として柱に残る痕跡を示したのが図50である。以下、箇所ごとに考察する（表1）。

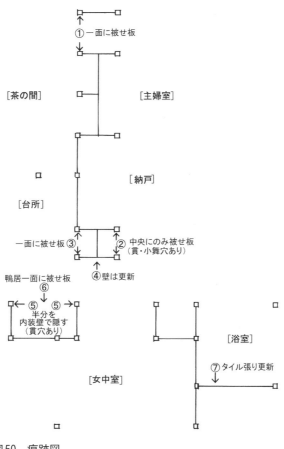

図50　痕跡図

表1　痕跡

箇所	状　況	創建時図面の仕様
①	柱面に被せ板	真壁
②	柱の中央にのみ被せ板、貫穴・小舞穴あり	真壁
③	柱面に被せ板	真壁
④	壁は更新	中廊下側に開き戸
⑤	柱面2ヶ所に貫穴あり	3段の収納に引違い戸が入る。
⑥	鴨居に被せ板	引違い戸
⑦	浴室のタイル張り更新	外側は押縁下見

被せ板は、柱の痕跡を隠すために取り付けられる。箇所①（図51）は被せ板を剥がして確認する必要はあるが、創建時の図面では真壁であり、貫穴・小舞穴があると考えられる。箇所②③④は図面では戸棚であり、中廊下側に開き戸がある。このうち②は貫穴・小舞穴が確認できるので（図52）、ここはもと真壁であった。②の対面にある③は同様に貫穴・小舞穴があると考えられ、②③は壁で閉じられていたことになる。④の壁が周辺の壁より新しいのは、もとここに戸があり、後日壁で閉じたからである。創建時の図面（図28）には、これを裏付けるように、この戸棚（「戸ダナ」と表示）の左右に矢印が、廊下側に線の書き込みがある。同箇所については平井氏の記憶にないことから、平井家入居前に改築されたと思われる。

　箇所⑤⑥は創建時の展開図では、3段の収納である（図53）。⑤の柱には、床から890㎜のところと、そこから870㎜上に貫穴（成40㎜）があり（図54）、鴨居に被せ板がある（図55）。⑤の柱に残る2ヶ所の貫穴は、もと3段の収納があった痕跡となる。⑥の鴨居の被せ板は、上段にある棚の引違い戸の溝跡隠しである。

　⑦の浴室については、浴室内北側の更新されたタイル張りの外側に、引戸と戸袋が残る（図43、図56）。平井氏によると、タイルが更新されている所に戸口があり、女中さんが薪をくべて外焚きをしていた記憶があるという。浴室の4面に張られたタイルは、⑦の更新箇所以外は同じであることから、当初から浴槽に面した北側に戸口があったと考えられる。ただし、創建時の図面では、現在引戸のある箇所には押縁下見が張られ、戸袋のある箇所に戸の表示がある（図57）。つまり、図面と現状は逆になっている。さらに同図には屋根に山型（へ）の書き込みがあり、現在同箇所には屋根窓がある。このことから、図57の×印の表示は戸口の変更を、屋根への書き込みは窓（換気用）の追加を意味しており、着工前の加筆となる。

左：図51　茶の間西面の書院窓
　　　　　の柱に残る被せ板

右：図52　1階納戸に残る
　　　　　貫穴㋑と小舞穴㋺

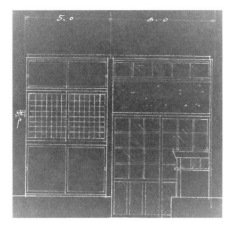

図53 台所北面

図54 台所北面の柱に残る貫穴

図55 台所北面の鴨居の被せ板

図56 浴室外部の戸袋に戸出し穴が残る。

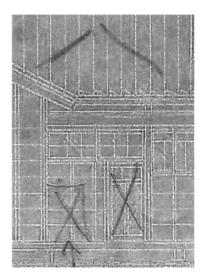

図57 創建時の北立面図（図11）の浴室を拡大（図面の×印は造作の変更を、屋根の山型の書き込みは、窓の追加を意味する。）

3－8　平井邸の特徴

　施主である若目田利助の考え方が住宅に影響を及ぼしていたとすれば、どこに現れているのだろうか。そもそも、利助が社長に就いた日本電話工業は大阪市にあった。奥沢に住宅を建てた昭和5、6年、当地に居を構えた背景には何があったのか。

　『日通工75年史』で、大正末から昭和初期における若目田の行動を探ってみる[8]。大正7（1918）年2月、若目田は日本電話工業の社長就任後、親会社である川北電気企業社は、同社の一部を日本電話工業と合体させ、川北電機製作所をつくった。社長は同じく若目田であったが、彼自身は東京放送局（後のNHK）、日本ラジオ協会設立のため多忙となり、大正13年に社長を退く。その後、川北電機製作所は他企業を吸収して京都電機となる。若目田利助が社長として再登場するのは、昭和7（1932）年11月からで、このとき社名はもとの日本電話工業に戻される。

　このように大正13年以後、若目田は現在のNHKをはじめ放送関連の設立に奔走していた。そして、昭和5、6年、彼はNHKの関東支部理事を務めている[9]。自邸を建てたこの時期、彼は東京を拠点に活動していたのだった。

　若目田は逓信省時代に、多数の本を執筆している。国立国会図書館には、若目田の著作（共著、編著、再版を含める）は16冊ある。創建時の平面図に、書棚をはじめ奥行の浅い押入と物入が見られるのは、彼が多くの文献資料を持つ蔵書家であったからではないか。1階と2階にはそれぞれ納戸があり、収納の延べ面積は1階で30.40㎡、2階で14.86㎡の計45.26㎡となる。現況床面積（229.7㎡）で割ると0.197、約20％が収納となり、収納空間への施主の強い関心が窺われる。

　昭和5、6年当時の若目田家の部屋の使われ方は不明だが、高級な家具を置いた応接室は完全な客間であったろう。応接室のソファー、椅子、円テーブル等一式は、そのまま平井健吉が家と共に購入し、関係資料No.8に記されていたように、応接セットに10万円の値が付いていた（図58）。

図58　応接セット

同邸は玄関脇に洋間を設けた和洋折衷式で、間取りの上では中廊下式である。なお家父長制度の色濃い産物ではあるが、主要諸室は収納あるいは廊下によって独立し、プライバシーが確立されている。諸室の独立性は、若目田の留学体験と関係していたのかもしれない。諸室を独立させるには相応の規模が必要である。それは、浴室には洗面所とともに化粧室を併設させ、便所を2つ並べていることからもわかるように、建坪約175㎡（53坪）ならではの空間的余裕の賜物とも言える。なお、平井健吉の入居用の図面（No.8常務社宅候補）には「間取的ニ否能率ナ建物ト思考スル」という但し書きがあったことから、当該住宅は、昭和20年代には時代遅れになっていたと考えられる。

　玄関土間（1.5坪）は現代の感覚からすれば大きい。当時の文献には、1坪の土間は20坪内外の住宅、24、25坪位からの住宅では1.5坪。1.5坪以上の玄関は普通住宅としては不要とある[10]。当該住宅の土間は通常の広さであった。

　通し柱について、図面資料No.2の「下屋小屋組之平面図」に、それが他の柱と区別されていたことを記した。同図面に通し柱は7ヶ所あるので（図59：①〜⑦）、これを目安に実際に何ヶ所あるのかを考察する。7ヶ所の通し柱のうち②は階段室にあるので確認できる（図60）。また、⑦の柱は、2階の押入の床板の隙間から通し柱であると判別できた。以下、7ヶ所の柱を実測した結果は表2の通りである。

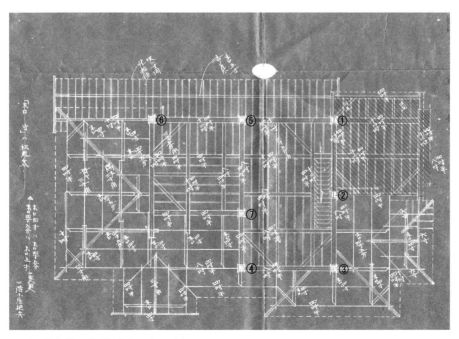

図59　通し柱の位置（方位は上が南）

図60 階段室の通し柱(図59②)

表2 通し柱の寸法 （単位はmm）

	1階の柱	2階の柱
1	132×133	131×134
2	133	134
3	135	実測不能
4	130	134
5	134×136	135×133
6	135×134	134
7	135	136×137

　これら7ヶ所の柱はほかのどの柱よりも大きいので、図面通りに通し柱は7ヶ所あったと考えられる。通し柱については、「二階の部屋と下の部屋とが、なるべく同じ位置になるやうに置くのが宜しいのです。さうして出来る丈け二階の四隅の柱が、下と上ときちつと合ふやうにすれば一番工合がよいのです。さうすれば二階の隅々の柱が、下まで通柱（略）に出来て、家の組方のきまりがよくなります。」[11]とされていた。

　以上の解釈に基づけば、通し柱は2階の北東隅にもう1本あるとよいが、同箇所の真下は1階の納戸にあるタンス入となり、そこに柱はない。仮にここに通し柱を入れると、戸棚の奥行は半間となり、これでは深すぎて物の出し入れは不便となる。収納場所としての使い方を優先したことになる。

　実測の結果、通し柱のほか、当該住宅には次の3種の大きさの柱が使われていた。105mm前後（3.5寸）、115～120mm前後（3.8寸～4寸）、130mm以上（4.3寸以上）。通し柱はすべて130mm以上、通し柱同士の間に入る管柱はすべて115mm以上、それ以外はほとんどが105mm前後で使い分けられていた。その他、意匠上で目立ったところを指摘したい。

　まず、創建時の応接室の陸屋根である。立面図では、同箇所の両端はやや丸みを帯びたモルタル仕上げである（図10）。この陸屋根に居る幼少の平井進氏の写真が残る（図61）。写真ならびに図24から、パラペット（手摺壁）の高さは約90cmで、床に市松模様のタイル張りがなされていたこと、パラペット上に金属の覆いがあり隅に丸みはなかったことがわかる。建物全体に桟瓦葺きで押縁下見の伝統的な仕上げの中に、モルタル仕上げの陸屋根が組み込まれた創建時の外観は、見る人に和洋

の鋭い対比を印象付けたことであろう。

次に、応接室に見られる幾何学的な造作である。同部屋の西面は凸型となり、出窓の桟も両端では梯子状に横線が加えられている（図18）。さらに天井の換気口は4辺から鏡餅を3段重ねたようなパターンの繰り返しとなっている（図62）。

こうした特徴は、アール・デコ様式に見られる。アール・デコそのものは1920年代から1930年代にかけて流行した様式で、意匠上は直線的で無機的、幾何学的、左右対称的、立体的であり、放射線や流線形、ジグザグの線や円形をモチーフにし、それらを組み合わせたデザインを主とする[12]。

図61　バルコニー上の幼少時の平井進氏　　図62　応接室天井の換気口

結　論

以上の考察を通じて、平井邸（旧若目田利助邸）については次のようにまとめられる。

- 同住宅は昭和5（1930）年から翌6年末までの間に建てられた規模の大きな建物で、床面積は1階174.9㎡、2階54.8㎡、計229.7㎡（69.5坪）である。
- 創建時の施主は若目田利助（1879～1960）で、彼は逓信省の技師であり、日本電話工業の社長を務め、NHK等の放送関連の協会設立に尽力した。昭和26（1951）年、日本勧業銀行の社宅となり、昭和29年に当該住宅を買い取った平井健吉（1900～1993）は日本勧業銀行常務で、関連企業の社長を務めた。若目田利助は功成り名遂げた人物であったことが、旧態依然とした間取りを持つこの中古住宅を平井健吉に買い取らせた背景にあるのかもしれない。真意はさておき、同住宅は上位中産階級の人の住まいであり続けた。
- 当該住宅は、玄関脇に洋間を配した大正から昭和初期に流行した和洋折衷式で、中廊下式の間取りを持つ。しかし、中廊下の南側は収納で占められ、居室

― 81 ―

と主婦室にそれぞれ行けないため、これら2室間に別に廊下を設けている。その結果、従来の中廊下式住宅に比べて主要諸室の独立性は強くなり、プライバシーが確保されていた点が特筆できる。

・納戸をはじめとした多くの収納の存在は、当住宅の大きな特徴であり、実に床面積の約2割を占める。それは、多くの著作を執筆した若目田の強い希望によると考えられる。

・通し柱、通し柱同士の間に入る1、2階の管柱、それ以外の下屋の柱は、それぞれ寸法を変えており、適所に柱が配分されていた。

・モダニズムの影響を感じさせる洋間の陸屋根には戦後屋根が付き、設備の更新により台所をはじめとした水回りは改造されたが、それ以外は創建時の姿をよく保持している。

・概して、戦前の家具類は残ることは少ない。当該住宅には多くの照明器具が残り、とくに洋間の応接セットは創建時のインテリアの好みをよく伝えていて貴重である。

註
1)【調査参加者】（肩書は調査時のもの）
　　武藤茉莉（昭和女子大学大学院生活機構研究科生活機構学専攻3年）
　　小林眞衣，飯田美帆（同大学生活科学部環境デザイン学科3年）
　　鈴木梨紗子，福岡寿乃（同環境デザイン学科2年）
　　金谷匡高（法政大学大学院デザイン工学研究科建築学専攻博士課程3年）
　　【日程ならびに調査内容】
　　2月15日：聞き取り，写真撮影，創建時の図面を基に現状平面図のスケッチ/2月22日：平面図の実測ならびに展開図のスケッチ/2月28日：展開図の実測，断面図のスケッチ/3月5日：配置図のスケッチ，展開図の実測/3月8日：断面図の実測，痕跡調査
2)『日本紳士録』第37版（交詢社，昭和8年）p.813
3)『大正人名辞典II上巻』（日本図書センター，1992年）p.14
4)　社史編纂委員会編，『日通工75年史：1918－1993』（日通工，1993年）pp.4-10，27-32，41，75
5)　市街地建築物法施行規則第27条は，以下の文献に掲載されていた附録から引用。笹治庄次郎著，『採光通風を主とする住みよき小住宅の設計』（鈴木書店，1931年，初版1930年），p.264，
6)　物価については，「国家公務員の初任給の変遷（行政職俸給表（一）－人事院）」を参照。参照：www.jinji.go.jp/kyuuyo/kou/starting_salary.pdf　平成27年5月19日閲覧
7)　関田克孝監修，『東急電鉄記録写真　街と駅80年の情景－東横線・池上線・大井町線80周年記念フォトブック－』（東急エージェンシー出版部，2008年），p.48
8)『日通工75年史：1918－1993』（前掲書），pp.5-10

9)『日本紳士録』(前掲書) によると, 若目田の履歴に日本放送協会が出てくるのは, 昭和5年刊行 (第34版) からで, 日本放送協会関東支部理事となっている。同職は昭和9年刊行 (第38版) のものまで続き, 翌10年刊行 (第39版) から日本放送協会評議員となる。なお, 日本紳士録の情報は, 刊行の2年程前のものである。
10) 水野源三郎著,『住宅読本』(神奈川県建築協会, 1937年), pp.32-33
11)『採光通風を主とする住みよき小住宅の設計』(前掲書), p.85
12) NHK「美の壺」制作班編,『NHK 美の壺 アール・デコの建築』(日本放送出版協会 (NHK出版), 2008年), p.9

図版出典
図1, 6, 7, 50：筆者作図／図2〜5, 13, 15〜23, 25〜27, 29〜33, 35〜49, 51, 52, 54〜56, 58, 60, 62：筆者撮影／図8〜12, 14, 24, 28, 34, 53, 57, 59, 61：平井家提供

平井邸 (制作 2016年)

第4章　洋風の外観に和室を内包
—尾澤醫院兼住宅（昭和6、7年）—

　東急世田谷線の上町駅で下車し、駅の南側に出て線路に沿う通りを西に歩く。駅から3つ目の角を右に入ると、尾澤醫院兼住宅に至る（以下、尾澤醫院と略す）。駅から至近距離にありながら、建物は、棕櫚やヒマラヤ杉などの樹木の生い茂るゆったりした敷地のなかに佇んでいる。尾澤醫院を調査することになったのは、当研究室への世田谷区からの依頼による[1]。世田谷区では区内における近代建築悉皆調査の一環として、昭和60年度にこの建物を調査している。その際、簡単な家歴の調査がなされ、平面図が作られている。そして、当該建物の建築年を昭和7年から11年（1932～36年）とする[2]。

4－1　家屋概要

　敷地の奥中央やや左寄り（西側）に尾澤醫院があり、この建物とは別に、敷地の東側に尾澤歯科の建物ならびに住宅がある。尾澤醫院は陸屋根を持つ木造2階建てで、屋上に塔屋が付く（図1～4）。外壁は、1階の窓台までをモルタルで、そこから上をリシン掻落とし仕上げとしている。そのため外観はやや黄色みの強い黄土色をしている。そこに緑色の釉薬洋瓦（スペイン瓦）が水平の彩りを添えている。

　建物の南側ほぼ中央に、アーチ門のような車寄せが張り出している。このアーチは半円ではなく、頂部がわずかに尖っている。この車寄せの台座部分はスクラッチタイルで仕上げられ、その上のスリットには円と直線の幾何学的な文様を持つ鉄製格子が入る（図5）。同様の文様は車寄せの内側の手摺に続いている（図6）。また、玄関ドア両脇の腰壁の上には、剣をモチーフにしたステンドグラスがはめ込まれている（図7）。

　玄関の左手に内玄関があり、同様に張り出しているため、外観は凹凸のある形態となる。さらに陸屋根を採用しているので、3階の塔屋を含んで建物は大小のブロックを積み重ねたように見える。そして、ベイウインドウ（張出し窓）や2階の三角柱状に張り出した

図1　尾澤醫院南側正面

図2　同・東側面

図3　同・北側面

図4　同・西側面

図5　車寄せ台座のスクラッチタイルと鉄製格子

図6　車寄せ内側の手摺

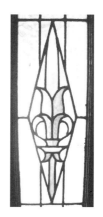

図7　玄関両脇のステンドグラス

窓（図8）、内玄関側面にある鉄製格子付の円窓などが外観のアクセントとなっている（図9）。

室内については、建物のほぼ中央に玄関を、左手に内玄関を配して、診療と家族の生活空間をはっきり分けている（図10、11）。表玄関のタイル張りの土間から入ると患者待合室があり（図12）、そこには調剤室が付く（図13）。この待合室の東に比較的広い診察室があり（図14）、診察室の北側にレントゲン室（図15）と手術室が並び置かれている。これらが医療用空間であり、診察室を中心に関連諸室がコンパク

図8　2階の三角柱状の窓

図9　内玄関側面に円窓が2つ並ぶ。

図12　患者待合室

図13　調剤室

図14　診察室

図15　レントゲン室

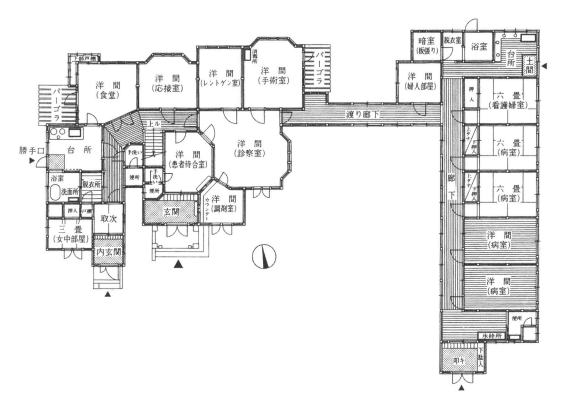

図10　1階平面図（渡り廊下とそれに続く病棟は現存しない。）

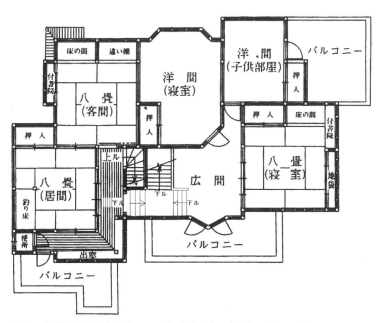

図11　2階平面図（ただし、1階平面図とは縮尺が異なる。）

トにまとめられている。

　他方、内玄関からは3畳の女中部屋に続き、浴室、台所、便所の水回りが集められ、奥に食堂そして応接室がある。生活空間と医療関連の部屋を分割しつつ、有効な導線計画とするために、L字型の廊下を持つ間取りとなっている。この応接室の前に2階への階段がある。階段は踊り場で二股に分かれ、西に8畳間を2室、東に広間を介して8畳間と洋間を設ける。2階には南に2面、東に1面の計3面にバルコニーが張り出している。

　2階の諸室のうち、東側の8畳間は床と付書院を持つ本格的な和室であるが、障子を開くと地袋越しに縦長のステンドグラスがはめられている（図16、17）。他方、西側奥の8畳間にある違い棚の円窓の外は突き上げ窓となっている（図18）。同じ西側手前にある8畳間には内縁が2面に巡り、そこに外開きの窓が計8枚付き、開放された眺めを提供している（図19、20）。なお、屋上の塔屋は一種の望楼である（図21）。

　各部屋の内装については、総じて壁は腰羽目板張りと漆喰で、天井は漆喰で仕上げている。ただ、2階の中央にある洋間の壁は、板張りではなく、一面に壁紙が貼られている（図22）。そのほか、窓の上には欄間窓が、間仕切り壁のドア上には横軸の回転窓が付く。

　なお、床面積については1階が148.5㎡（45坪）、2階が106.9㎡（32.4坪）である。

図16　2階東側8畳間

図17　同8畳間の障子を開けるとステンドグラスの窓が現れる。

— 88 —

図18　2階西側奥の8畳間

図19　2階の連続する外開き窓

図20　2階の連続する外開き窓

図21　塔屋の内側を見る。

図22　2階洋間

4－2　尾澤醫院の家歴

　尾澤醫院を建てたのは、尾澤章（あきら）で、明治31（1898）年に生まれ、昭和41（1966）年に没している。尾澤章は妻千勢子との間に男5人、女2人をもうけている。尾澤醫院を訪問した際に、ご子息のうち次男と五男の方から主として家歴についての聞き取りを行った。

　尾澤章の父光章（こうしょう）は医者で、日露戦争時に軍医として出征し、後にハルピンで開業した。一家が大正時代に帰国してからは、世田谷区の桜小学校近くに居を構えた。桜小学校は現在も同じところにあり、同醫院からは道路を挟んだ南側に位置する。

　当該医院のある敷地は豪徳寺の地所であるという。豪徳寺との関係については、尾澤家は豪徳寺の檀家であり、一時期尾澤家の住居に僧侶を住まわせていたことがあったという。そのような経緯から、住まいが手狭になったこともあり、豪徳寺の地所を章が借りて新築したのが現在の建物である。この医院にはかつて病棟があり、渡り廊下で医院と結ばれていた。まず、医院を建て、その後に病棟を増築したとのことであった。

　尾澤章は日本医科大学を卒業する。開業後は内科から小児科、外科まで手掛け、府中方面まで往診したという。第2次世界大戦中、医院は救護所になり、また敷地内にあった2ヶ所の防空壕を地区住民とともに使用したという。戦後は進駐軍に接収されるという話があったが、幸いそれを免れ、戦災で家を失った人々や親戚が医院付属の病棟を住居代わりに使っていた。その後、この病棟は昭和31、32（1956、57）年頃に取り壊された。このとき敷地を囲んでいた煉瓦塀も壊したという。

　この間、陸屋根、とくにバルコニーから雨漏りが発生したせいで、戦後ほどなくして勾配屋根をかけたとのことであり、浴室は昭和50年代に改造している。それまでは五右衛門風呂（長州風呂）を確かに使っていた記憶があるとのことであった。

　ご子息のうち、長男は信州大学医学部を出たが、大学等の勤務医として働いたので尾澤醫院を継ぐことはなかった。また、次男は歯科医となり、別棟で開業していたので、当該建物は父章の没後（昭和41年）は生活の基盤ではなくなり、現在は主として五男の方が事務所として利用している。次男の方のご記憶によると、戦前は医院の前に車庫と車夫の住まいがあり、住み込みの女中を置いていたが、戦後は女中も車夫も居なくなった。2階西側の祖母の部屋は、祖母が昭和29（1954）年に亡くなった後は、母方の祖父母がしばらく同居し、2階東側の8畳間は父母の寝室で、西側奥の8畳間は客間であったという。

4－3　関連資料について

　尾澤家には以下の資料が保存されている。

(1) 尾澤醫院関連図面（名称は原文のまま）

a.「尾澤醫院新築工事設計図」（青図：縦54.5×横78.5cm）3枚
・「No.1 各正面姿図・各階平面図」（縮尺1/100）
・「No.3 床間詳細 手術室断面 内玄関断面 其ノ他各詳細」（縮尺1/20）
・「No.4 軸立図・土台及基礎伏及二階梁伏及屋上小屋伏（縮尺1/100）、地形図（縮尺1/20）」

　通し番号からNo.2の図面があったことになるが、欠けている。図面に設計者ならびに年月日の記載はない。

b.「透視図」（紙に彩色：縦36.5×横79cm）1枚

c.「尾澤医院塀及門設計図」（青図：縦38.5×横79cm）1枚（縮尺1/100、1/20）

d.「尾澤病院増築建物図」（青図：縦79×横45.5cm）1枚（縮尺1/100、1/20）
　病棟の立面図と断面矩計図、車庫の立面図のほか井戸上屋の立面図

e.「尾澤醫院新築工事略設計図」（原図：縦37×横54.5cmと青図：縦39×横55cm）各1枚（縮尺1/100）

　1階と2階の平面図で、上記aの図面と酷似しているが、2階の全部屋が和室になっているので、実施以前の図面となる。

f.「尾澤醫院室内備品配置設計図」（紙に鉛筆書き：縦37.5×横58cm）1枚（縮尺1/10）

　玄関の長椅子、洗浄室の流し台、台所のガス台と流し、吊り戸棚、戸棚の位置が平面図上に書き込まれている。また、図面左下にゴム印による「家具装飾　圖案設計部　伊勢彦治 7.7.21」の記載がある。「7.7.21」が昭和7（1932）年7月21日と考えられるので、当該建物の建築年を判断する重要な指標となる。

（2）写真2枚（撮影年不詳）

・尾澤章が自家用車とともに写っている。自動車の奥の建物は、腰壁までモルタルで、その上をリシン掻落とし仕上げのように見え、尾澤醫院の仕様と酷似しているが、現在の建物にそれと一致するところはない。桜小学校近くにあった住居かもしれない。

・建物の南側全景（左手に医院、右手に病棟が垣間見える：図23）。写真手前右に門があり、煉瓦壁で囲まれている。門近くに病棟が見えるので、昭和31、32年以前のものとなる。

（3）その他

・戸籍謄本（尾澤章）

・自家用自動車々庫設置願（昭和4年2月）
　同建築申請書（同上）、同敷地図、平面図、断面図

・自家用自動車々庫設計変更増築願（昭和4年4月）
　同建築申請書（同上）、同平面図、断面図

・病室並自動車々庫設置許可書（昭和7年9月）

図23　尾澤醫院の南側全景（昭和31，32年以前）

4－4　建築年

　平成24（2012）年4月19日の訪問時に、「固定資産税都市計画税課税明細書」に当該住宅の建築年の記載があることを教えられた。同明細書には「昭6年」とあるので、昭和6（1931）年築を尾澤家に残された資料ならびに聞き取りから、裏付けることができるかどうかを試みたい。

　前節の関連資料は、車庫あるいは一部病室に関するもので、「自動車々庫設置願」は昭和4年2月に、次の「変更増築願」は同年4月に出されている。母屋を建てた後で車庫を設ける、あるいは母屋と車庫を同時に建てるのが普通であり、車庫を最初に造ることは考えられない。ただ、これらすべての書類の住所は、荏原郡世田谷町字世田谷299番地であった。これを現在の住居表示と照合させると、世田谷区世田谷2-4-12となる。そこは、現在の区立桜小学校の敷地の南側に接する所で[3]、かつて桜小学校近隣に住んでいたという聞き取りと一致する。したがって、昭和4年の車庫設置願は尾澤醫院の建築年の指標にはならない。最後の「病室並自動車々庫設置許可書」には、前のものとは異なる内容を含んでいるので、以下に全文を掲載する。

　指令第26960号　荏原郡世田谷町大字世田谷299番地　尾澤章
　昭和7年9月1日願荏原郡世田谷799番地／805番地に病院産院取締規則第30条に依る病室並自動車々庫設置の件許可す
　昭和7年9月27日
　　警視総監　藤沼庄平

同許可書の住所は、同じく世田谷299番地であるが、文中には別の番地、すなわち799番と805番の記載があり、この地に病室並びに車庫を建てるための許可書となる。地番が併記されているのは、一方は病室、他方が車庫用に供するためと考えられる。

　そこで図23を再度見てみると、医院の右手(東側)に敷地が広がり、現在は失われているが、かつて尾澤醫院の建物の東側に渡り廊下で結ばれていた病棟が見える。他方、写真の左には車、そのさらに左に車庫と思われる建物がある。上記の許可書にあった「病室」はこの病棟のことであり、車庫は応診用であろう。

　現在の尾澤醫院の旧番地は804なので、805ならびに799番地は、写真ならびにその用途から判断して、医院の近くにあったと考えられる。しかしながら、805番地は現在の世田谷2丁目2番地で、医院から通りひとつ離れたところとなる。799番地については、現在の住居表示に該当する箇所そのものが存在しなかった[4]。旧番地から「病室ならびに車庫」を特定できなかったが、その許可書から尾澤醫院の病棟は、昭和7(1932)年9月以降(早ければ同年内)に建てられたのであろう。

　病棟は医院建築後に建てられたという聞き取り、創建時の平面図には病棟部分はなく、「尾澤病院増築建物図」(図24)が別に存在することから、尾澤醫院は、昭和7年以前に建てられたことになる。では、昭和7年からどこまで遡れるのだろうか。尾澤章の住所は、昭和7年の時点では桜小学校近くにあった。それ以前に医院を建てていたなら、現在の住所から病棟の増築ならびに車庫の設置願が申請されてもよいはずである。もっとも、長らく住みなれたところを住居にし、しばらくは徒歩ですぐ行くことのできた医院に通ったとも考えられる。

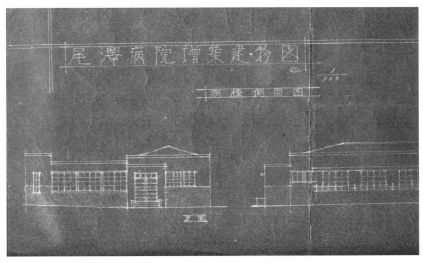

図24　尾澤病院増築（＝病棟のこと）建物図（部分）

ここで、尾澤家から提供された図面「尾澤醫院室内備品配置設計図」に記載されていた「7.7.21」について検討してみる（図25）。同図面は、台所の流し、ガス台等の配置計画を示したもので、図面そのものは現状の間取りと一致している。これらの数字を昭和7年7月21日とすれば、この時点で尾澤家はまだ現在の地で生活（医院の開業）を始めていないことになる。病棟の増築許可は昭和7年9月なので、申請はそれ以前になる。医院の開業前後に併行して増築の申請をしていたことになる。以上の考察から、尾澤醫院は昭和6年築とは断定できず、より正確に言えば昭和7年までに建てられたことになる。

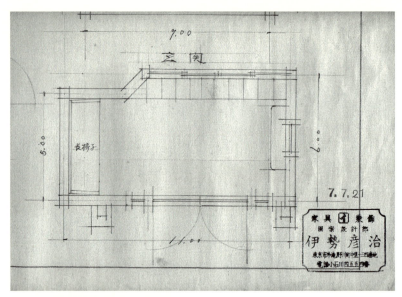

図25　尾澤醫院室内備品配置設計図（部分）

4－5　創建時の図面について
　先に、尾澤醫院の関連資料に図面があることに触れた。ここでは、平面図ならびに透視図を検討してみる。平面図には、部屋名のほか、家具、仕上げ材料などが記入されている（断面図にも仕上げ材料が記されているので併せて参照）。

a）平面図（図26、27）
　まず、部屋ごとの仕上げ材（括弧内）は以下の通りである。

1階
①玄関（モザイックタイル）　②患者待合室（リグノイド張り）　③調剤室（板張り）
④診察室（リグノイド張り、腰壁四尺迄タイル張り）　⑤洗浄室（コンクリートタタキ）
⑥婦人室・手術室（壁・床タイル張り、天井漆喰塗り）　⑦レントゲン室（板張り）
⑧研究室兼応接室（フローリングブロック）　⑨食堂（フローリングブロック）

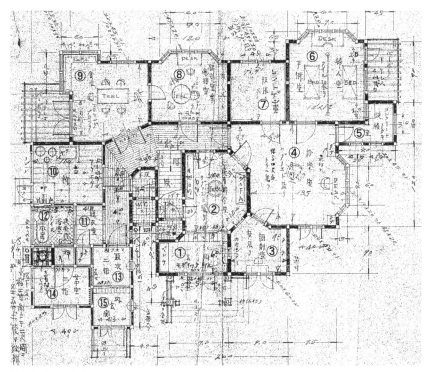

図26 創建時の1階平面図

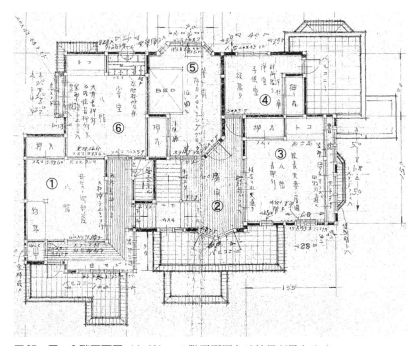

図27 同・2階平面図（ただし、1階平面図とは縮尺が異なる。）

⑩台所　⑪脱衣室　⑫洗面所・浴室（タイル張り）　⑬取次二帖（床板、竿縁天井）
⑭女中室三帖　⑮内玄関（モルタル、腰羽目板、天井・壁漆喰塗り）

　1階のうち、診察室については、平面図では上記の通り、床はリグノイド張り、腰壁はタイル張りとの記載があるのに対して、断面図では、床はフローリングブロック、壁はベニヤ板となっている（図28）。

2階

①八帖：母堂ノ御部屋　②広間　③八帖：院長夫妻ノ居間
④子供室：洋室（板張り）　⑤洋間（フローリングブロック）　⑥客室八帖

　⑤「洋間」にはBEDの書き込みがあるので、ここが夫妻用だと考えられる。尾澤章の父は昭和2（1927）年に亡くなっているので、「母堂ノ御部屋」という書き込みは、当時の家族構成が反映されていることになる。なお、尾澤章の第一子は昭和6年7月に生まれている。

　屋上の詳細については割愛するが、釉薬洋瓦に「スパニッシュタイル」という書き込みがある。

b）透視図（図29）

　同図は建物の南側と東側のコーナーを中心に据えて、斜めからの角度を見所にしている。玄関車寄せの階段の側桁は、車寄せ左手の柱と右手の壁に接した方の柱の下に付けられている。さらに内玄関前の外階段の側桁は、左右同じものではなく奥（左）のそれの方が大きいことがわかる。これは、設計者が建物の南側正面ファサードではなく、コーナーからの視点を重視して設計をしていたことの例証となる（図30）。

　当該建物は敷地の中央奥のやや西寄りに、かつて通りに沿って作られた煉瓦塀の門が敷地の東寄りにあった。すなわち門から建物にアプローチしたとき、人は建物の南東面を見るのである。そうしたことが設計の背景にあったと考えられる。

　ブロックを積み重ねたような躯体、その外壁に取り付けられたベイウインドウ、コーナーを介して巡る連続窓、三角柱状に張り出す窓などの要素が、この角度からの建物の眺めを多様なものにしている。さらに、1階と2階の壁面にメダリオン（円形浮彫り装飾）が付き、東面2階の窓には縁飾りが施されている。

　これらの諸要素と実際の外観を照合すると、窓の縁飾りとメダリオンはなく、車寄せの階段右奥の側桁は省略されている。また、実際の外観では腰壁は窓台の下までであるのに対して、透視図では一部窓台を越えているなどの相違はある。しかしながら、それらは部分的な手直しであり、全体の印象はこの透視図のまま実施されたと見てよい。

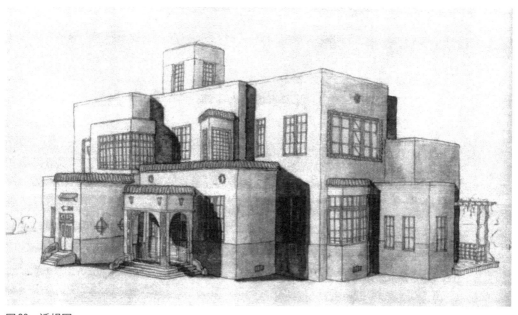

図29 透視図

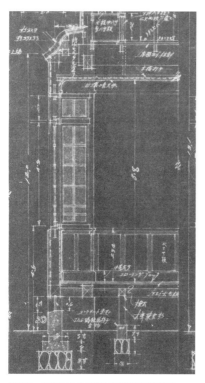

図28 創建時の診察室断面詳細図

図30 車寄せ（右）、内玄関（左）の外階段の側桁は一方が大きく、アイストップになっている。

4－6 改造箇所ならびに保存状況

　現地調査と聞き取りならびに現存する図面を頼りに、改造箇所について検討してみる。前述したように1階の診察室の腰壁は、平図面ではタイル張り、断面図ではベニヤ板と別の記載がなされていた。また同室の床は、平面図ではリグノイド張り、断面図ではフローリングブロックとなっていた。診察室の壁は板張りで、床はリグノイド張りであるため、同箇所の記載は、平面図、断面図とも正しくないことになる。診察室の仕上げは、聞き取りから現在のままで改装はしていないとのことであり、目視でも相応の古さが認められるので、現状を当初仕上げとしてよいだろう。

　診察室に隣接する手術室は、元は診察室と段差があり、1段下がったタイル張りの床であったが、フローリングに変更されていた。ただし、この手術室のフローリングは診察室の床高に合わせて、床から30センチほど浮かせて新たに造作されているので、創建時の床はそのまま保存されている。床の隅に設けられたハッチから、そのタイル張りを見ることができる（図31）。それ以外の診療関連諸室の仕上げは図面に記載の通りであり、とくに待合室と診察室のリグノイド張りの床はそのまま残る。リグノイドとはマグネシアに鋸屑、石綿、コルク粒などを充填材として混ぜ、塩化マグネシウム溶液（苦汁）を練って作ったもので[5]、当時を物語る今や希少な床仕上げ材である。

　それに対して、1階の生活領域については改造がいくつか見られる。まず内玄関のドアは平成9（1997）年頃に取り替え、その漆喰天井は戦後間もなく改装したという。取次はもとの状態を保っているが、そこに接する和室（女中部屋）は窓を含めて改造されていた。台所のキッチン回りと勝手口は改造され、浴室のバスタブも取り替えられていたが、浴室のタイル張りの壁と天井はそのままである。また、食堂の天井はクロス仕上げのものに変更されていた。その他の諸室の天井ならびに壁は当初の通りの漆喰仕上げを残し、応接室ならびにL字形の廊下部分は、同じ漆喰で補修している。

　2階については、ほぼ当時のままに残されている。ただ、2階東側8畳間と広間前の板襖の鴨居には柱が挿入されている。これは、戦後に行った屋根の修理後に補強用に入れたとのことで、この種の柱は、2階西側8畳間の4枚障子の中央にも同じ理由で1本入っている。このように尾澤醫院は、そこが長らく住居としても使われてきたことから、水回りを中心に相応の改造はなされていたが、それ以外の主要な諸室は創建時の姿をよく残していると言える。

　外壁については、水回りのある西側面が改造の影響を受けているが、それ以外はほぼ創建時のままで、部分的に改修痕が見られるだけである。屋上ならびにバルコニーには勾配屋根を設けているが、それはパラペット内に収まっているので、陸屋根を持つ創建時の外観を損なってはいない。なお、当時の家具ならびに医療器具は

以下の通りである。
- 1階「調剤室」の机（もと診察室用、図13）、アルコール消毒液用容器（もと手術室用）同所に造り付けの薬剤瓶収納棚は、当時のままである。
- 1階「診察室」の椅子、円テーブル（もと応接室用、図14）、手術用器材収納棚（もと手術室用、図32）
- 1階「レントゲン室」の長椅子（もと1階の患者待合室用、図15）
- 1階「応接室」のテーブルと椅子ならびにガスストーブ
- 1階手洗いの前の「ギバ太陽燈（紫外線発生機）」（もと診療室用、図33）
- 2階「寝室」の寝台（もと診察室用）

図31　手術室床のタイル張り

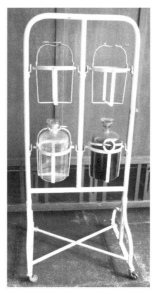

図32　手術用器材収納棚

図33　ギバ太陽燈（紫外線発生機）

図34　2階広間

4－7　間取りならびに意匠上の特徴

　尾澤醫院では、1階の東半分を診察医療用の、西半分ならびに2階全室を家族用の領域とする。医院としての性格上、門からのアプローチを考えて玄関口を南側にとり、1階を診療用としていることから、応接室、食堂を北側に配している。1階の生活空間は、診療用空間に従属していると言える。

　それに対して2階は家族本位の間取りとなっていて、中央の広間の周りに諸室が配され（図34）、そこは計3ヶ所に設けられたバルコニーとともに、開放的なつくりとなっている。

　1階を洋間とし2階を和室中心の生活空間とするのは、とくに大正期からの規模の大きな洋館に見られる。その点で、当該の建物は医院という診療用空間を含みながらも、その系譜に入る。2階東側の8畳間の障子を開けるとステンドグラスの窓が現れ（図17）、西側の8畳間の内縁越しに外開き窓が連続する様は（図20）、建物全体を洋風の外観で包み込むことならではの光景である。

　尾澤醫院の外観を構成する要素を再度確認してみると、次のようになる。①陸屋根、②塔屋、ベイウインドウを含んだ凹凸のある構成、③リシン掻落とし仕上げ、④緑色の釉薬洋瓦（スペイン瓦）、⑤尖頭アーチを持つ車寄せ、⑥車寄せの両脇ならびに車寄せ内部の手摺に施されたアール・デコ調の鉄製格子、⑦車寄せの台座部分のスクラッチタイル、⑧内玄関側面にある鉄製格子付の円窓。

　先に尾澤醫院の屋上平面図に、「スパニッシュタイル」という書き込みがあったことを記したので、このスパニッシュから検討してみる[6]。スパニッシュ様式のわが国でのはじまりは、大正11（1922）年に大阪近郊の箕面・桜ヶ丘で開催された住宅博覧会で出品された住宅だとされる。その後昭和初期の邸宅の様式として好まれ、昭和2（1927）年の旧小笠原伯爵邸が同様式の本格的事例とされる。その影響は、住宅以外には、ホテル、ミッションスクール、市役所、公会堂等の公共建築に広がり、昭和戦前を通じて流行した。その特徴は、色付きの凸凹の2つの瓦を交互に重ね合わせるスパニッシュ瓦、明るいクリーム色の荒壁、鉄製の窓格子（グリル）、噴水付き中庭（パティオ）などが挙げられる。尾澤醫院では上記の③、④ならびに⑧が該当する。世田谷区にもスパニッシュ様式の住宅があり、志村家住宅（成城、昭和14年頃）が現存する（同区指定有形文化財）（図35）。

　次に、アール・デコ調の鉄製の文様について検討する。アール・デコそのものは1920年代から1930年代にかけて流行した様式で、意匠的には直線的で無機的、幾何学的、左右対称的、立体的であり、放射線や流線形、ジグザグの線や円形をモチーフにし、それらを組み合わせたデザインを主とする[7]。旧朝香宮邸（現東京都庭園美術館、昭和8年）を代表的な事例とし、「昭和初期に盛んに建てられた鉄筋コンクリート造にタイルを張った建物、特に表面に縦溝のあるスクラッチタイルを張った建物

図35　志村家住宅

は、みなアール・デコといってもそれほど間違いではない」[8]とされる。

　尾澤醫院の車寄せ両脇の文様は、縦軸に円と半円を繰り返し（図5）、車寄せ内部の手摺には中央に半円が左右交互に入り、その両側に3列ずつの梯子状の幾何学文様が入る（図6）。さらに、車寄せ台座に施されたスクラッチタイルに、アール・デコの影響を指摘することができる。スクラッチタイルは、大正12（1923）年の関東大震災を機に、その後10余年にわたり外装タイルの主役になり、鉄筋コンクリート造を主体に、諸官庁の建物、公会堂、美術館、大学校舎など幅広く使用されている。現存する建物で、スクラッチタイルが張られているものはほとんど当時の建築と見ることができるという[9]。このように、アール・デコ様式とスクラッチタイルはひとつの建物に渾然一体となって昭和初期を彩っていたことになる。

　世田谷区では例えば、駒澤大学耕雲館（禅文化歴史博物館）（当初は図書館、昭和3年、図36）があり、フランク・ロイド・ライトの影響を色濃く受けた建築家菅原榮蔵（1892～1968）が設計した（東京都選定歴史的建造物）。耕雲館は外観にスクラッチタイルを張り、幾何学的な三角形の玄関口ならびにジグザグの壁面構成が印象的な建物で、中央玄関上に見られる段状に迫り出す尖った造形物は、アール・デコといえる。アール・デコの建築は、鉄筋コンクリート造であることが多いが、尾澤醫院は木造である。同醫院の陸屋根は、鉄筋コンクリート造を意識した結果ではないかと考えられ、それはブロックを積み重ねたような立体的構成を持つ外観に繋がるであろう。

　尾澤醫院2階の三角柱状に張り出した窓は、耕雲館ほどではないにせよ、幾何学的な造形を志向したこの時代を物語る。また、2階の連続する外開き窓は、ライト設計の住宅によく用いられ、世田谷区では電通八星苑（旧林愛作邸、大正6年）に見られる。直接ライトの影響とはいえないまでも、昭和7（1932）年当時にこの種の窓が流行していたことの例証になる。

　さらに、内玄関の側壁に見られる円窓は同時代の建築にしばしば現れる。例えば、昭和4年2月に東京朝日新聞社が開催した住宅設計競技において円窓は多くの設計

応募案に見られる。この設計競技で金賞を得た大島一雄案は、1階に円窓が2つ設けられ、窓格子が十字に入っている（図37）[10]。それは尾澤醫院のものと酷似する。

最後に、尾澤醫院で目立つ車寄せには尖頭アーチが用いられている。スパニッシュ様式の建物には、しばしば半円アーチの開口部が設けられるので、その観点から見ると、多少違和感がある。しかしながら、同医院では様々な様式的傾向を併せ持つ設計がなされていることを勘案すれば、車寄せの尖頭アーチは、数ある様式の選択肢のひとつとして採用されたと考えてよいだろう。

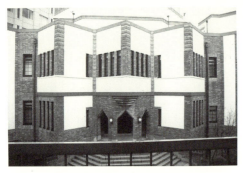
図36　駒澤大学耕雲館（禅文化歴史博物館）

図37　「中小住宅建築設計競技」金賞受賞案

結　論

以上の考察を通じて、尾澤醫院については次のようにまとめることができる。

- 当該建物の建築年は、昭和7年から11年ではなく、さらに昭和6年築とも断言できず、昭和7年までに建てられたこと、医院の工事完了後ほどなくして病棟部が増築されたことが明らかになった。おそらく病棟は昭和7年度中に建てられたと考えてよいだろう。
- 尾澤醫院には、陸屋根、スパニッシュ様式、リシン掻落とし仕上げ、スクラッチタイルの使用、円窓、アール・デコ調の文様を持つ鉄製格子、連続する外開き窓、三角柱状の窓、車寄せの尖頭アーチなどの様々なスタイルと仕様が見られ、それらは大正期から昭和初期に流行していた。
- 個々のスタイルや仕様については世田谷区でも確認できるが、尾澤醫院はその多様なスタイルと仕様をすべて併せ持っていた。
- 建物内外の良好な保存状態に加えて、医療器具が残っていることは、医院としての歴史を知る上で貴重である。

このように、尾澤醫院は様々なスタイルならびにそれらに伴う仕様が折衷され、フランク・ロイド・ライトを含んだモダニズムの影響と幾何学的な造形を志向していた昭和初期の建築界の多様な動向を知ることができ、極めて興味深い事例となる。

註
1）筆者は，平成23（2011）年4月27日に尾澤醫院兼住宅の建物調査報告書を世田谷区に提出した。本稿はその内容に新たな知見を加えたものである。
　【調査参加者】（肩書は調査時のもの）
　日下部弥生，田邊香織（昭和女子大学生活科学部生活環境学科4年）
　【日程ならびに調査内容】
　平成23年3月7日，同9日，7月9日，追加調査（平成24年4月19日）。聞き取り，写真撮影，創建時の図面と現状との比較を行う。
2）世田谷区教育委員会文化財係編集・発行，『世田谷の近代建築　第1輯・住宅系調査リスト』（昭和62年），p.54
3）新旧の住居表示の照合については，次の資料を参照。『ブルーマップⅡ　世田谷区―住居表示地番対照住宅地図』（ゼンリン，2011年）
4）世田谷区地域窓口調整課住民記録・住居表示係によると，昭和42年6月に住居表示を実施したときに住所がなければ，地番は消えてしまうということだった。尾澤家に関係する旧地番が特定できない一因かもしれない。
5）参照，『建築大辞典（第2版）』（彰国社，1993年）
6）スパニッシュ様式については，藤森照信著，『日本の近代建築(下)―大正・昭和篇』（岩波新書，1993年），pp.69-72／内田青蔵，大川三雄，藤谷陽悦編著，『図説・近代日本住宅史　幕末から現代まで』（鹿島出版会，2001年），pp.82-83
7）NHK「美の壺」制作班編，『NHK　美の壺　アール・デコの建築』（日本放送出版協会（NHK出版），2008年），p.9
8）吉田鋼市著，『アール・デコの建築』（中公新書，2005年），p.132
9）『日本のタイル文化』編集委員会編，『日本のタイル文化』（淡陶，昭和51年），pp.97-98
10）参照，『朝日住宅圖案集』（朝日新聞社，昭和4年），3-A　この大島一雄案に基づいて，昭和4年世田谷区成城に建てられた。

図版出典
図1～9，12～22，30～36：筆者撮影／図10，11：『世田谷区の近代建築　第1輯』（前掲書，ただし図11については，実際には1階から2階への階段は踊り場で二股に分かれ広間とは段差があるため，修正している。）／図23～29（うち図26，27の丸囲み数字は筆者記入）：尾澤家提供／図37：『朝日住宅圖案集』（前掲書）

尾澤醫院兼住宅（制作　2012年）

第5章　木組み風意匠と和室の客間― 一色邸（昭和7年）―

　一色家住宅（以下、一色邸）は、昭和7（1932）年に建てられた2階建ての木造住宅である（図1）。同邸は、小田急小田原線の経堂駅から北西方向に徒歩約9分の住宅街に位置し、最寄りに恵泉女学園中学・高等学校がある。平成27（2015）年7月のこと、世田谷区教育委員会より、一色邸の取り壊しに伴う緊急な調査依頼があった（平成27年11月上旬に取り壊される）。そこで同年8月5日に一色邸を訪問して、建物の保存状況ならびに関連資料（図面等）の確認を行った。一色邸は特徴的な外観意匠を持ち、創建当初の姿を良く残していたので、調査期間内にできる限りの悉皆調査を実施して記録保存をすることとした[1]。

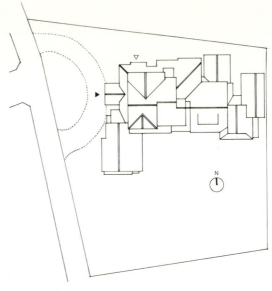

図1　一色邸の配置図

　なお、同邸の客間（和室）は恵泉女学園大学（多摩市南野2-10-1）に移設されていて、調査時には同室内の床の間、棚、床柱、天井板等が撤去され、すでに半壊の状態であった。

5－1　家屋概要

　一色邸は玄関を西に取り、玄関前にポーチ（車寄せ）を設ける（図2）。玄関土間に続いて広間がある。この広間の北側は書生室と内玄関に、同南側は和室の次之間と客間へと至る廊下ならびに応接室に通じている。広間の東側から東西方向に中廊下が伸びるとともに、北側にも廊下があるため、廊下部分はL字型になる。この中廊下の南側に食堂と茶の間が、北側に台所、ボイラー室、脱衣室が面している。他方、北側の廊下は電話室、女中室、便所に通じ、さらに階段室へと至る。茶の間の南に縁側が、東に仕事室と和室があり、さらに東側に納戸を置く。浴室と台所から、それぞれ洗濯場（土間）へ行き来ができる。

　2階へは踊り場付の曲がり階段で行く（図3）。2階諸室へ入る前に廊下があり、廊下の北側に物置と便所が、南側に子供室がある。2階の東側に寝室、その北に台所が付き、寝室の南側にサンルームとベランダが並ぶ。このベランダはL字型に折

れ、その北端の小さな出入り口からさらに東に広がる物置に行くことができる。物置は1階の茶の間・縁側の天井裏に当たる。同所はいざという時の逃げ口にもなり、物置の東端には外に出るための戸口が付く。

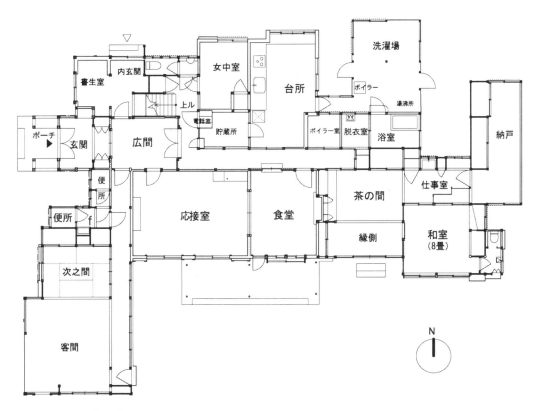

図2　一色邸・現状1階平面図

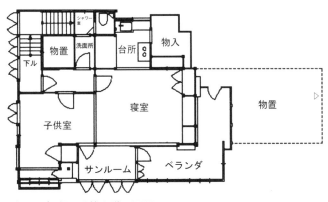

図3　一色邸・現状2階平面図

屋根は1、2階とも切妻造りを主体とするが、1階の和室を入母屋造りとする。屋根については、台所裏の洗濯場と納戸の屋根を波形亜鉛鉄板、和室（8畳）の上をトタン瓦棒葺きとトタン平葺き、ベランダの屋根をトタン瓦棒葺き、客間前の庇を銅板平葺きとする以外は、銅板瓦棒葺きである。

　外観は、南東の和室回りを竪羽目板と土壁仕上げ、納戸回りを下見板と土壁仕上げ、そして洗濯場回りを波形亜鉛鉄板仕上げとするほかは、色モルタル粗面仕上げとする（図4～6）。このモルタル仕上げの壁面には、貫、束、S字（反S字）形ならびに四分の一円形の方杖を露出させ、ハーフティンバーの木組を想起させるが、すべて化粧材である（図7）。さらにこれら化粧材にナグリ仕上げを施し、焦げ茶色のオイルステインで塗装する。

図4　一色邸・西面

図5　一色邸・南面

図6　一色邸・北面　　　　　　　　　　　　　　図7　S字の方杖（化粧材）

5－2　施主の一色庤兒・ゆり夫妻ならびに家歴

　当該住宅の施主は一色庤兒で、長女の一色義子氏（昭和3年生まれ）から聞き取りを行った。

　一色庤兒（1875〜1953）の先祖は、徳川二代将軍秀忠の時代に江戸に招かれ、旗本の身分であったという。また庤兒の母は、娘時代に天璋院（1836〜1883）に仕えていたという。

　庤兒は明治学院大学を卒業後、ロンドン大学に留学する。帰国後、三井物産に入社する。その後日本製鋼所に移り、同社にて常務取締役を務めている。日本製鋼所時代に輪西製鉄(室蘭市)の設立に関わるほか、日本製鉄を経て昭和飛行機工業(昭島市)の常務取締役に就く。庤兒にはゴルフのアマチュア選手であったというエピソードがある。わが国のゴルフ大会は明治40（1907）年から開催され、当時の参加者は外国人のみであったが、大正5（1916）年の日本アマチュア選手権に、庤兒は初の日本人として出場している。

　妻ゆり（旧姓渡辺、1888〜1953）は、女子英学塾（のちの津田塾大学）を卒業後、同塾の教授であった河井道(1877〜1953)の奨めで米国のアーラム大学に留学する（1911〜1916）。留学中に世界キリスト教学生大会（ドイツ）に参加している。帰国後、母校の女子英学塾の教員になる。ゆりの恩師である河井道は同塾で教鞭をとりながらわが国におけるYWCA（キリスト教女子青年会）の創設に尽力し、明治45（1912）年に同会最初の日本人総幹事となる。ゆりはこのとき、河井の仕事を手伝っている。このYWCAの理事の一人に三井系の関係者が居て、その縁で昭和元（1926）年に庤兒と結婚する。このことで、ゆりに続いて庤兒も河井と友好を深めることとなる。

　河井道は大正末頃、自分の理想とする学校をつくろうとしていて、牛込（神楽町）

—107—

にあった友人の家を借りている。この牛込の家に一色夫妻も一時期同居する。同所にて河井は念願の学校を始め、昭和4（1929）年、恵泉女学園を創設する。翌5年、手狭になったので同学園は世田谷に移る。なお、帛兒は昭和9年、同学園の理事長になる。このように一色家住宅を考察していく上で、英米への留学体験のある夫妻によって建てられたこと、そして恵泉女学園と関わりがあったことはその背景として重要であり、興味深い。

　一色夫妻は、彼らの新築住宅を恵泉女学園のゲストハウスとして使うとともに、建物を通じて外国人に日本らしさを見せることを願ったという。そのため外観は洋風でありながら、接待用にきちんとした和室を持つことを望んだ。和室に次之間を付けたのも、また台所を広く取ったのも接客を考えてのことであったという。事実、当該住宅には河井道をはじめ恵泉女学園の関係者がしばしば出入りし、同学園の外国人教師が間借りしている。

　なお、すでに失われているが、当初の庭はイギリス式庭園風で、新宿御苑の設計関係者が造園したとのことである。

　当該住宅の新築時は、一色夫妻と長女（義子氏）の3人で暮らしている。河井道が創設した恵泉女学園はミッションスクールではなかったので、寄付金を得るために年中募金活動をしていたという。そのため最寄りの一色邸は募金の相談場所となり、関係者が出入りするようになる。また、同邸において恵泉女学園の父母会等が行われ、瓶詰を作るような講習会が催されている。外国人が宿泊するようになったのは昭和12（1937）年頃からで、クエーカー教徒の米国人夫婦が宿泊している。彼らの滞在は約2週間であったが、そのために洋式トイレが増築される。一色夫妻は2階の和室にベッドを置いて寝室にし、義子氏はその隣の子供室でやはりベッドで就寝している。また、ゆりは2階の予備室（現・台所）を化粧室として使う。女中2人が戦前まで居たほか、年配の男性使用人（「爺や」と呼ぶ）が書生室を使っている。戦時中、外務省に居た帛兒の友人の頼みで2階が同省の書庫となる。その際、書庫の番人が女中室を使っていたという。

　戦後、自邸が米軍に接収される恐れがあったため、恵泉女学園の外国人教師に住んでもらうことを選択したという。そのため2階の予備室を台所とし、洗面所にシャワーを設置した。これで2階は独立した生活ができるようになり、昭和27（1952）年まで米国人宣教師が住んでいる。義子氏が結婚した昭和29年以降は、外来者が長期間泊まることはなくなる。その他、恵泉女学園からの要請で一色家は敷地の一部を譲っている。同学園の敷地が道路拡幅で減り、学園側はその代替地を探していたからである。そこで、一色家は平成17（2005）年頃に敷地の南側を売却する。現在、そこは恵泉女学園中学・高等学校の実習農園として使用されている。

5－3 収集資料

一色家に残された関連資料は以下の通りである。

- 「案内図」（青図、縦250×横420mm）
- 「実測図」（和紙製、縮尺1/150、縦720×横765mm）（昭和6年3月測量）
- 「敷地図」（青図、縮尺1/200、縦420×横652mm）
- 「敷地図」（敷地坪計算表付、縮尺1/200、青図、縮尺、縦452×545mm）
- 「1階平面図」（青図、縮尺1/100、縦416×横547mm、図8）
- 「2階平面図」（青図、縮尺1/100、縦335×横430mm、図9）

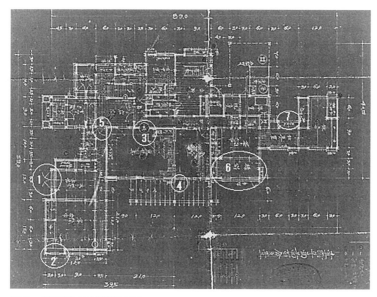

図8 創建時の1階平面図

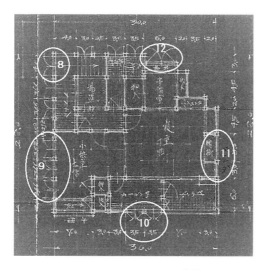

1、2階に記載の番号1～12（筆者による）は、竣工当初との相違を示す箇所：本章の表2に対応、P.123

図9 創建時の2階平面図

- 「基礎詳細図」（青図、縮尺1/20、縦427×横566㎜）
- 「各小屋組図（縮尺1/50）、2階梁伏及び平家小屋伏図（縮尺1/100）、2階小屋伏図（縮尺1/100）」（青図、縦426×横547㎜）
- 「一色邸新築工事仕様書」（和紙製の便箋、二つ折り246×167㎜）
- 「建築届」（申請：昭和6年10月21日）
- 「家族アルバム」に一色邸の古写真

　収集資料のなかの「建築届」は昭和6（1931）年10月21日に申請されたもので、そこには、「昭和6年10月起工、昭和7年5月30日竣工」とある。また、設計者の住所氏名として「東京市牛込区市谷田町3丁目7番地　合資会社　多田工務店　代表社員　松本松壽」と記載されている。建築届に記載されていた敷地面積ならびに建築面積等は、以下の通りである。
　敷地面積：723坪8合1勺（2392.76㎡）、建築面積：73坪1合8勺（241.92㎡）
　建蔽率：1.011/10、1階の面積：73坪1合8勺（241.92㎡）、2階の面積：19坪9合9勺3才（66.09㎡）、延床面積：93坪1合7勺3才（308.01㎡）
　また、「家族アルバム」の古写真には、創建時（昭和7年）の建物西側ならびに南側外観（図10、11）のほか、昭和8年頃（西側外観）、昭和9年（南側ならびに東側外観）、昭和15年（南側）、昭和38年（室内の応接室）に撮影されたものがある。

図10　創建時の古写真（西面）

図11　創建時の古写真（南面）

5－4　改築について

一色邸竣工後の改築は、以下の通りである（義子氏からの聞き取りによる）。

- 昭和9（1934）年頃、「茶の間・縁側」の隣に和室を増築する（入母屋造り瓦葺き）。
- 昭和12（1937）年頃、玄関脇の「便所」「洗面所」のうち、洗面所の奥に知人であったクエーカー教徒のアメリカ人夫婦を泊めるために洋式トイレを増築する。また、ボイラーを洗濯場に移動する。
- 戦前に、2階の予備室脇に物入を増築する。
- 昭和22、23（1947、48）年頃、予備室の畳を板張りにし、台所用の設備を入れる。
- 昭和23（1948）年頃、2階のベランダに屋根を付け室内化する。
- 昭和30年代前半（1950年代後半）、2階の洗面所にシャワー設置のため敷居を高くする。
- 昭和35〜40年（1960年代前半）、「茶の間・縁側」の床を板張りにする。また、和室の瓦が落ちてきて危険なため、トタン瓦棒葺きに代えるとともに、床を板張りにする。
- 昭和60（1985）年頃に、書生室を子供室に改造する。
- 平成7（1995）年頃、玄関戸の窓にステンドグラスを入れる。
- 平成17（2005）年頃、納戸部分を減築する（敷地の東側を三井系のデベロッパーに売却した際に、隣地境界線から一定の距離を取るため）。
- 平成24（2012）年、2階寝室と子供室の畳を板張りにする。

5－5　諸室について

a.玄関ポーチ（図12、13）　切妻造りで、屋根の両端を反らせている。両開きの板戸（内開き）の尖頭アーチ窓に見て取れるように、ゴシック様式の意匠を施している。そのため方杖にも尖頭アーチの断片を用いている。木部のナグリ仕上げには矢筈模様のハツリ痕を入れる。床タイル、腰壁のスクラッチタイルも同様の仕様で張っている。

　玄関前の両脇に腰掛を造り付けとする。両開き戸は両面を太鼓張りとし、窓にステンドグラスを入れる。戸の竪羽目板に矢筈の模様を刻むほか、蝶番の位置に渦巻き形に打ち抜いたブロンズ製の金物が付く。天井は張らず、勾配に合わせて化粧垂木を見せ、天井面を漆喰塗りとする。床から天井までは3763mmである。

b.玄関土間（図14、15）　土間床もポーチと同じく矢筈模様のタイル張りで、両側面に尖頭アーチ形のガラス窓が付く。木部は玄関ポーチと同じくナグリ仕上げとする。天井高は2619mmで、壁面は長押の上下で仕上げを変え、上を漆喰塗りに下を粗面仕上げとする。この粗面仕上げを「一色邸新築工事仕様書」（以下、仕様書）では「ラフコート」仕上げと明記している。

　上がり框は土間から段差303mmで、ホール床はベニヤ板である。土間の北側に造り付けの下駄箱があり、ホール床の両脇に両開き戸付の物入がある。

図12 玄関ポーチ

図13 玄関ポーチの腰掛け

図14 玄関土間

図15 玄関土間

c.広間（図16〜18） 玄関土間と広間との境に両引戸があり、壁の内側に引分けることができるので、土間と連続する開放的な場となっている。化粧垂木を見せる舟底天井で、天井高は2770mmである。床は四周を市松、内側を矢筈模様の寄木張り仕上げとする。壁面の長押の下まで1836mm（うち幅木130mm）で、玄関ホールと同じ仕様で長押の位置で仕上げを変えている。間口方向の両面のコンソール（持ち送り）に創建当時の照明器具が残る。また、広間東側の両開き戸はベニヤ板のフラッシュドアで、尖頭アーチ形のガラス窓を付ける。

d.応接室（図19〜22） 畳敷きにすると7.5畳の洋間で、南面の2ヶ所に欄間付の引違い戸、西面に暖炉（煙道はない）、北面の東寄りに地袋と釣棚を設ける。東面に隣室の食堂に通じる両引戸があり、壁の内部に引分けて、応接室を大きく使うことができる。

図16 広間

図17 広間の床（寄木張り）

図18 広間の照明器具

　壁面はラフコート仕上げで、ここかしこに鏝で雲形の模様が付く。床は網代模様の寄木張りで、幅木189mm、天井高は2881mmである。天井の間口方向に根太を見せ、天井面を漆喰塗とする。室内は真壁造りのように見えるが、すべて付け柱である。なお、同室の照明器具は創建時のままである。木部には、窓枠を除いて、付け柱、長押、天井根太、戸（フラッシュドア）ならびに食堂境の引分け戸のすべてにベニヤ板を張り付けている。なお、仕様書では暖炉の化粧材は「タイザンタイル」（泰山タイル）で、甲板をチーク材とする。

e. **食堂**（図23〜25）　南面の2ヶ所に引違い窓があり、その前を出窓にしているほかテラスに出る開き戸が付く（調査時は閉鎖）。壁面は腰壁と塗り壁に分ける。腰壁は高さ675mm（うち幅木70mm）で、ベニヤ板を市松模様に張り分ける。

　壁は応接室と同様にラフコート仕上げとし、雲形の模様をあしらっている。天井は漆喰仕上げで、回り縁以外に四角い枠を2重に回して、若干の高低差を付ける。壁際からのそれぞれの天井面までの高さは、2669mm、2671mm、そして2678mmである。

　床の寄木張りは、周囲を網代模様、内側を市松模様とする。また、食堂の東側に半円形の壁龕のある飾り棚が付き、中廊下側（北側）の壁の一部を半円形に刳りぬ

—113—

いている。そこにはステンドグラス入りの両引窓が付き、廊下側には上げ下ろしのできる棚板を設ける。なお、応接間との境にある引戸の表面は腰壁と同じくベニヤ板を市松模様に張る。

　f．便所（図26、図2f）　床と腰壁をタイル張り、その上を漆喰仕上げとする。網代天井は創建時のままである。

　g．茶の間（図27）・縁側　2室ともに板張りであるが、茶の間（6畳）ならびに縁側（4.5畳分）の茶の間寄りに畳2枚を敷いていた（残りは板敷き）。2室を分けていた障子は撤去されて一部屋になっているが、鴨居の上に欄間が残る。

　茶の間の西面に、造り付けの収納を設ける。竿縁を持ち、天井面を漆喰塗りとする。茶の間の天井高は2545㎜、縁側のそれは2539㎜で、2室境の内法高は1744㎜である。

　h．仕事室（図28、29）　創建時の図面に仕事室との記名があるが、和室ならびに納戸への廊下兼物置となっている。仕事室の北面に3枚の引違い窓を設ける。また、その前面の敷居に被せ板が付くが、鴨居には2本溝が残る。

図19　応接室

図21　応接室・北面

図20　応接室の暖炉

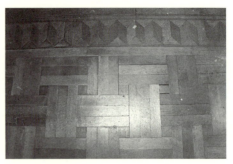

図22　応接室の床（寄木張り）

図23 食堂・北と東面

図24 食堂・南面

図25 食堂と応接室の間の引戸

図26 便所

図27 茶の間

i. 和室（図30、31） 和室は8畳であったが、今は板張りである。東面の中央に床、その左手に棚を置き、棚の背後に平書院を設ける。南面に欄間付の引違い戸と窓を並べる。丸太長押と面皮柱を用い、数寄屋風の造りとする。天井高は2558㎜で、天井面は更新されている。なお、床脇から奥に便所に通じる戸が付く。

j. 納戸（図32） 床を板張り、壁を竪羽目板ならびにベニヤ板張りとし、竿縁天井を持つ。南北方向に長く、西側に押入を2つ並べる。天井高は2408㎜である。

k. 内玄関と書生室　内玄関の戸は閉鎖され、土間上に床が張られる。茶の間と同じ仕様で、竿縁を持ち天井面を漆喰塗りとする。内玄関の隣室の書生室はすっかり更新されている。

図29　仕事室・北面の窓

図28　仕事室

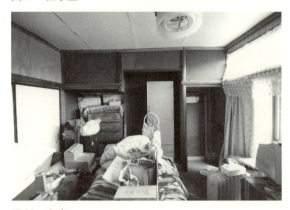

図30　和室

図31　和室東面の平書院

l. **女中室** 女中室は納戸に使用し、内装はクロス張りに更新されている。

m. **台所** すっかり更新されている。

n. **電話室**（図33、34） 室内は竪羽目板張りで、棚と腰掛が残る。

o. **脱衣室・浴室**（図35、36） 脱衣室の網代天井はそのままである。浴室は白タイル張りの腰壁の上を竪羽目板張りとし、丸面取りをした目板を打つ。天井中央は平らであるが、舟底として天井面の目板に丸竹を用いる。引違い窓の上に横軸の回転窓を設ける。

p. **洗濯場**（図37、38） 洗濯場はコンクリート土間で、屋根はトタン葺き、壁は波形亜鉛鉄板である。かつて使用されていたボイラーが残る。

q. **次之間**（図39） 真壁造りの和室6畳間で、長押を回して、猿頬天井を持つ。北面に押入を2つ並べる。西面のガラス窓は引違いで菱形クロスの桟を入れる。天井高は2735mmである。

図32 納戸

図33 電話室

図34 電話室内部

図35 脱衣室

図36 浴室

r. **客間**（図40、41） 真壁造りの10畳間。調査時に半壊の状態であり、かつて西面にあった床の間、棚、そして書院をはじめ、天井板も剥がされていた。同室については「5-7 創建時の考察」で記述する。天井高は次之間と同じである。

s. **階段室**（図42、43） 曲がり階段で、中間の踊り場まで12段で、そこからさらに6段が付く。蹴上は196mm、踏面は235mmである。壁ならびに天井面（竿縁付き）も漆喰仕上げで、上方に3連窓を付けているため十分な採光が得られている。

図37 洗濯場

図39 次之間・西面の窓

図38 洗濯場のボイラー

図40 客間

図41 客間・東面

t.2階・子供室（図44、45） 子供室は和室であったが、板張りに替えている。寝室との境にあった襖も取り払われている。真壁造りで、西面の2ヶ所に窓を、南面に出窓を付ける。出窓には、手前に2本溝の痕跡（障子はなし）、奥に4枚の引違い窓が付くが、その中間に板戸を出し入れした戸袋が残る。天井高は2541mmである。

図42　階段室

図43　階段室（2階）

図44　2階・子供室

図45　2階・子供室南面

u.2階・寝室（図46、47） 寝室とその南側にあるサンルームとベランダとの境に建具はないが、敷鴨居ならびに引戸用レールが残っている。寝室の東面には収納と腰掛が造り付けになり、その上に鉄格子付きの引違い窓がある。北面には様々な大きさを持つ収納が設けられている。真壁造りで、漆喰仕上げとする。

東面の外側には戸袋ならびに雨戸を入れた敷鴨居が残っている（図47）。また腰掛の背後は現在壁であるが、一部を剥がすと窓台の痕跡があり、かつて窓があったことになる。天井高は2514mm、敷鴨居の内法高（不陸あり）は1748mm〜1757mmである。

—119—

v.**2階・サンルームとベランダ**（図48〜50）　双方とも下屋部分で、化粧垂木を見せる。サンルームには半円形状の窓を2つ並べ、ともに両開きとする。ベランダの腰壁は漆喰仕上げでわずかに反る。また、ベランダには寝室用の雨戸を収めた戸袋がそのまま残っている。

w.**2階・台所**（図51）　台所は元の予備室を改造したもので、東面にあった3段の収納が残る。天井高は2397mmであり、東面に内装をトタンで覆った物入がある。

x.**2階・便所**（図52）　便所の腰壁にタイル張りがそのまま残る。

　以上、現状平面図から改めて床面積を算出する。1階：284.55㎡、2階：77.40㎡（物置を含めると97.27㎡）、計：361.95㎡（2階物置を含めると381.82㎡）

図46　2階・寝室

図47　2階・寝室東面の外側

図48　2階・サンルーム

—120—

図49 2階・寝室からベランダを見る。

図50 2階・ベランダ内側に残る戸袋

図51 2階・台所

図52 2階・便所

5-6 小屋組について

　客間の天井が取り去られていたため、小屋組について実測を行った（図53）。真束小屋組であり、収集資料の図面（P.110）のうち「各小屋組図（縮尺1/50）、2階梁伏及び平家小屋伏図（縮尺1/100）、2階小屋伏図（縮尺1/100）」に、客間の小屋組の部材寸法が記載されていた。次頁に実測値と図面上の寸法を示す（表1）。

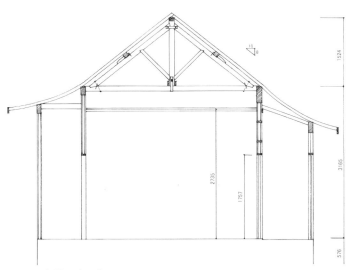
図53 客間の小屋組

陸梁と軒桁を羽子板ボルト、陸梁と合掌をボルト締めとする。陸梁の中央では真束との接合部に箱金物を用いるほか、合掌ならびに真束を短冊金物で緊結する。客間の床高は576mm、天井高は2735mm、敷鴨居の内法高は1757mm、軒高（床から）は3165mmで、屋根勾配は8/10である。なお、陸梁の中央に枠吊り（4本の竪木と上下の貫で枠を組む）が残る。

表1　客間小屋組の部材寸法

	実測値（mm）	図面上の数値（mm）
陸梁	110×115	112×112
真束	110×110	112×112
棟木	90×95	91×121
合掌	115×105	112×112
方杖	60×110	61×112
垂木	52×50	76×76及び67×55[2]
母屋	95×95	121×91及び106×106
軒桁（東）	345×115	364×121
軒桁（西）	180×110	182×112
下屋（軒桁：東）	208×111	212×127
下屋（軒桁：西）	180×実測不能	182×91

5－7　創建時の考察

a）創建時の図面と当初の姿の相違

創建時の図面は当初の姿を知る上で重要であるが、図面通りに施工されたとは限らないので留意する必要がある。創建時の図面と確認できた当初の姿との相違を次頁に示す（表2）。

そのほか、書生室の窓（アルミサッシュ窓に更新）は図面上では引違いであるが、同箇所は外側に張り出しているため、引違い窓の内側には障子が入っていたと推察する。また、仕事室北面のガラス窓の内側には、鴨居に残る2本溝から障子が立て込まれていたと思われる。さらに、義子氏によれば洗濯場の土間回りは壁で囲まれ、洗濯場西面の壁は創建時の図面より3尺ほど右手（東側）にあったという。

b）客間について

創建時の客間については、河井道著『スライディング・ドア』[3]に掲載されている写真から判明する（図54）。それは昭和24、25年頃に撮影され、客間の南西側を写したものである。写真中央の人物が河井道で、その右に一色ゆり、左に居て障子に手を添えているのが一色義子氏である。写真右手には1間幅の床の間があり、床

脇に半間幅の琵琶床を設ける。写真中央には書院があり、欄間付きのガラス障子が入る。その左手（客間の南面）の障子が半ば開けられ、出窓が見える。

表2　創建時の図面と竣工時との相違

番号	場所	創建時の図面	竣工当初の姿
1	次之間（西側）の窓	両開き	引違い
2	客間の書院	引違い窓2枚	引違い窓4枚
3	応接室（北面）	丸窓	造られず
4	食堂（南面）	戸口の表示なし	戸口（開き戸）あり
5	広間（南廊下前の開き戸）	蝶番は応接間寄り	蝶番は玄関寄り
6	縁側	板張り	畳敷き（2枚）
7	仕事室（北面）	「タンス入」表示の背後に窓なし	引違い窓（3枚）
8	階段室上階、西端の開き窓	蝶番は窓の両端	蝶番は窓の中央
9	子供室（東面）	3連の両開き窓	3連窓のうち南端のものは壁で閉じ、外観に尖頭アーチをかたどった盲窓
		蝶番は窓の両端	蝶番は窓の中央
10	サンルームの2連窓	各窓の幅は3.5尺	それぞれ5尺幅
11	寝室（東面）	窓の表示なし	腰掛ならびにその南側の壁に、それぞれ上下に窓を設ける。
12	2階洗面所、便所、予備室（台所）	開き窓	現状は引違い窓だが、蝶番の痕跡はなく、不明。

（図8、9に該当する番号1～12の箇所を示す。）

図54　客間の古写真

c）客間の移設（図55）

　平成19（2007）年、恵泉女学園は都立南野高等学校（平成17年廃校）の跡地を購入する。その旧校舎1階の教室には同大学の茶道部があり、この部室の一角に一色邸の客間が移設されている。客間の内装のみの保存となるが、当初の床の間と床柱、地袋と天袋付きの違い棚、書院、そして天井2重回り縁と猿頬天井を見ることができる。

図55　恵泉女学園に移設された客間

5－8　一色邸の特徴
a）間取り

　一色邸と同時代の和洋折衷式の住宅では、通常玄関脇に洋間を置く。一色邸はその逆で、玄関脇にある「次之間」と「客間」を和室にしている。間取りについては、同時代に流行していた中廊下はあるものの、そこから各室に行き来できないため中廊下式とまでは言えない。むしろ広間の存在が大きい。広間は玄関と連続するとともに、応接室、そして廊下を介して次之間と客間へと通じ、場合によっては食堂を含んで、これらの諸室を接客空間としてまとめる役割を果たす。他方、内玄関からは書生室と女中室へ、そして廊下を使って台所、浴室、茶の間へ、さらに階段室から2階へと、広間を介さずに行くことができる。2階を含めてこちらは家族用の生活空間となり、かつて2階の諸室は畳敷きであった。

　同邸の階段室は、階段、踊り場、そして2階の廊下を含めて4尺幅である。階段幅を通常よりやや広めにとったため、応接室の北側の壁とその上階にある子供室の壁とは南北に5寸のずれがある。そこに構法上の納まりよりも、階段幅を優先した施主の拘りが感じられる。

b）外観意匠

　外観の特徴は、まず木組の意匠にある。木組はすべて化粧材であることから、見掛けを重視していたことがわかる。わが国の伝統的な家屋の外観には戸袋が張り出す。一色邸でも随所に戸袋があり、その壁面にも化粧材が付く。木組の意匠を構造材の一部のように見せるには、窓と戸袋の壁面のつらをできるだけ揃えて、戸袋を目立たせないようにする必要がある。そのため、一色邸では板戸（雨戸）の処理に工夫をしている。

　具体的にその処理を説明する。例えば、次之間では室内側から障子、板戸、ガラス窓とする（図39、56）。客間南面では、室内側の障子と外側のガラス窓の間に板戸を入れる。その脇の書院窓は、室内側のガラス窓の外側に板戸を引分けにして納めている。そして、2階子供室の西面さらに同室南面でも同様の仕様となっている。つまり、板戸（雨戸）を壁面より内側に引込んでいるのである。

　次の特徴は、尖頭アーチの使用である。尖頭アーチならびにその断片は、玄関ポーチをはじめ外壁ならびに窓に見ることができる。ゴシック（風）建築は急傾斜の屋根を持つ。客間の実測結果では屋根勾配は8/10であった。それ以外の勾配は、収集資料の「各小屋組図（縮尺1/50）、2階梁伏及び平家小屋伏図（縮尺1/100）、2階小屋伏図（縮尺1/100）」の小屋組図面から寸法を取ると、すべて約8/10であった。

　なお、屋根については、義子氏によると「関東大震災後の用心で、瓦ではなく軽量な銅板葺きにした」とのことである。

図56　次之間の外部

c）内装

　一色邸の室内では、広間と応接室で見たように洋間であっても和室の真壁造りに似た付け柱と長押を用いている。それは「一色庸兒の希望で応接室を和洋折衷で仕上げるため、見掛け上入れた」（義子氏談）ことによる。

—125—

「5－5 諸室について」で、ラフコートという内装仕上げが玄関土間、広間、応接室、そして食堂の各室に使用されていたことを紹介した。ラフコートは、例えば旧朝香宮邸（東京都庭園美術館、昭和8年）で使用されたことが判明している。それは昭和4（1929）年頃から取り扱われていた輸入壁材であり、鉱物質の細微の粉末を水練りしたもので、刷毛または鏝で塗られた[4]。ただし、一色邸の仕様書では「和製品使用」とする。

　わが国におけるラフコートの使用例は以下の通りである[5]。

明治座：昭和2（1927）年

宮内省図書寮庁舎：昭和2（1927）年

教育会館：昭和3（1928）年／新宿武蔵野館：昭和3（1928）年

東京日比谷公会堂及び市政会館：昭和4（1929）年

東京基督青年会館（YWCA）：昭和4（1929）年

交詢社ビルデング：昭和4（1929）年

川奈観光ホテル：昭和11（1936）年

　このように同内装材は、昭和初期から同戦前期に流行していたことがわかる。

結　論

　以上の考察を通じて、一色邸については次のようにまとめることができる。

- 一色邸は昭和7（1932）年、一色庽児・ゆりによって建てられた。玄関脇の接客室を和室にしたのは、夫妻と関係の深かった近隣にある恵泉女学園のゲストハウスとして、外国人を和室でもてなそうとする想いからであった。
- 同邸は木組を模した意匠、尖頭アーチ窓（一部半円アーチ窓）、腰掛を設けた洒落た玄関ポーチを持つ洋館である。尖頭アーチならびに木組の意匠はヨーロッパ中世に由来するものであり、一色夫妻の欧米での留学体験が反映していると言えよう。
- 同邸では、客間は和室で、広間と応接室は真壁造り風の洋間にするといった和洋折衷が試みられていた。当時流行していた中廊下式ではなく、広間を介して接客空間をまとめている。他方、内玄関からは広間を通らずに、2階を含めて他の諸室に行くことができ、同邸では接客と生活空間が明確に区分され、それぞれの適所に便所を設置している。
- 一色邸は広い敷地に延び広がるように設計され、切妻造りを多用した屋根を持つ。切妻造りにしたのは妻面にも木組の意匠を見せることを優先したからであり、それゆえ建物全体は起伏がありながら、棟で分かれる外観を持つことになる。

最後に、客間にまつわるエピソードを紹介する。平成27年11月19日、筆者は恵泉女学園大学を訪問した。同大学事務局長の大谷平人氏に客間移設の経緯を伺った。大谷氏によると、一色邸の玄関ポーチの腰掛を河井道（恵泉女学園創立者）がしばしば使っていたことから、一色義子氏は世田谷区の恵泉女学園に玄関ポーチを移築したかったという。この移築話は進展しなかったので、今度は客間を残す方策を考えた。そこで同大学の茶道部に客間を移設することになったという。移築費用は一色家が負担し、義子氏の四男輝生氏が監修を行った。輝生氏は、株式会社一粒社ヴォーリズ建築事務所に勤務している。恵泉女学園では、同所を「一色邸日本間」と仮称しているとのことである。

註

1）調査参加者，日程ならびに調査内容は以下の通りである。
　　【調査参加者】（肩書は調査時のもの）
　　内田敦子（昭和女子大学生活機構研究科生活科学部環境デザイン学科・助教）
　　山口マリ絵（同助手）
　　武藤茉莉（同大学大学院生活機構研究科生活機構学専攻3年）
　　小林眞衣（同大学生活科学部環境デザイン学科4年）
　　福岡寿乃，鈴木梨紗子，金田優（同環境デザイン学科3年）
　　金谷匡高（法政大学大学院デザイン工学研究科建築学専攻博士課程3年）
　　【日程ならびに調査内容】
　　平成27年8月24日から同年9月17日までに，計9回の調査を実施するほか，取り壊し前の11月6日に追加調査を行った。調査内容は、現状の1階，2階平面図，創建時の1階，2階平面図，客間の断面図（架構図），玄関ポーチ・広間ならびに応接室の展開図を作成するための実測を中心とするもので，随時聞き取りと写真撮影を行った。
2）垂木の図面上の寸法は，「建築届」記載の設計書による。
3）河井道著（中村妙子訳），『スライディング・ドア』（恵泉女学園，1995年）
4）東京都庭園美術館編，『アール・デコ建築意匠　朝香宮邸の美と技法』（鹿島出版会，2014年），p.77
5）ラフコート仕上げの事例については，次の文献によった。社団法人日本塗装工業会編著，『日本近代建築塗装史』（時事通信社，1999年）

図版出典

図1，53：筆者作図／図2，3：作図（金谷匡高）／図4～7，12～52，55，56：筆者撮影／図8～11：一色家提供／図54：『スライディング・ドア』（前掲書）

第6章　雁行形の間取り―鎌田邸（昭和7年）―

　鎌田邸へは、東急世田谷線の山下駅と世田谷駅、そして小田急小田原線の豪徳寺駅と梅ヶ丘駅が利用でき、各駅から徒歩5～8分の住宅街にある。平成20（2008）年の夏、筆者は世田谷区から鎌田邸を国の登録有形文化財に申請するための調査依頼を受けた。同邸の関連図面は無かったので、実測を中心とした調査を実施した[1]。

　その後時を置いて、平成28年11月に連絡を取ったところ、雨漏りが生じたとのことであった。その状況を視察するとともに、鎌田邸について詳細な記録を残す機会ととらえ、追加調査を実施した[2]。

6-1　家屋概要

　鎌田邸の門ならびに塀越しに、主屋の瓦屋根が保存樹を有する豊かな緑の中に垣間見える（図1、2）。主屋と同時期に造られた門と塀はコンクリート製で、赤と黒の粒状の石を塗り付けている（図3）。門は塀から約170cm後退し、門柱の間に木製の両開き扉が付く。また、正面右手に潜り戸を設ける。

　同邸は東に玄関を取り、その脇に洋館を置く（図4）。玄関部分が真壁造りであるのに対して、洋館の外壁は淡黄色のモルタル吹き付け仕上げで、庇ならびに軒回りを緑色の洋瓦葺きとする。また、玄関の屋根が入母屋造りであるのに対して、洋館のそれは緩勾配のため地上からは陸屋根に見える（図5）。

　玄関口の引分けのガラス戸を開けると、土間に続いて畳敷きの「玄関の間」が付く（図6）。ここから右（北）に行くと便所があり、洋間（応接間）に至る。左に行くと4畳半の和室がある。玄関の間の奥は廊下を挟んで6畳の和室が2間あり、これらの和室の北側に廊下を挟んで台所を、台所の西に脱衣室と浴室を設ける。他方、2間の和室の南側には縁側が付き、そこを進むと南に張り出した奥の座敷（離れ）へと至る。離れには6畳間と、床の間、棚、そして書院を持つ10畳間がある。これら4つの和室は雁行形に配置され、庭を囲い込む（図7）。

　外観の壁仕上げについては、玄関は漆喰と砂壁を併用するほか、和室回りは漆喰壁である。離れの西面と北面を押縁下見板とするが、西面の下部に金属系ボード（ガルバリウム鋼板製）を張る（図8）。洋館に続く建物の北面はモルタル吹き付け仕上げで、一部サイディングボードを張る（図9）。

　4畳半間を寄棟造りとするほかは、茶の間と6畳間部分、そして離れの屋根はそれぞれ棟の向きを変えた入母屋造りである。洋館の屋根はガルバリウム鋼板の瓦棒葺き、洋館の背後（西側）、台所と浴室部分は同じくガルバリウム鋼板の平葺き、縁側の屋根は銅板平葺きとする。なお、床面積は153.94㎡（46.57坪）である。

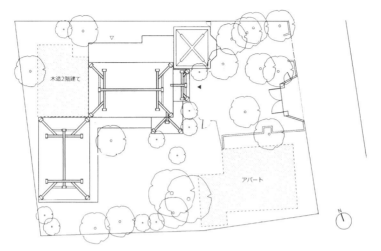

図1　鎌田邸の配置図

図2　鎌田邸・門柱越しに主屋が垣間見える。

図3　鎌田邸の塀

図4　和風の主屋に洋館が付く。

図5　玄関脇の洋館

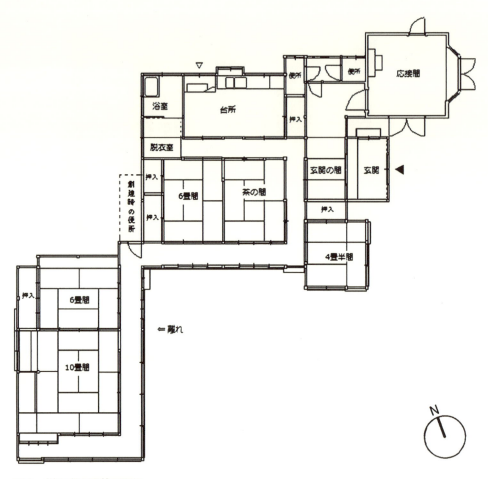

図6　鎌田邸の現状平面図

図7　右に茶の間と6畳間の縁側、正面に離れ

図8　鎌田邸・西面　　　　　　　図9　鎌田邸・北面

6-2　鎌田裕氏からの聞き取り

——この住宅の建築年はわかっているのでしょうか。「昭和7（1932）年です。それを証明する登記簿があります。祖父の亮が建てました。祖父が38歳の時のことです。祖父の本籍は静岡で、材木には凝ったようです。」

——具体的にはどういうことですか。「材料は木曽のヒノキを使い、材質を手間をかけて選別したようです。静岡の材木屋に声をかけて材料を集めておくということをやりました。」

——大工さんは腕が良かったとか。「祖父は山吉という証券会社に勤めていました。同社の社長は、徳川家第16代当主家達の屋敷を買った人です。祖父はこの屋敷の修繕を請負った大工を社長から紹介してもらったそうです。社長からの紹介というのは、この大工は三井財閥の邸宅を建てた人でもあったそうで、格式が高く、当時の祖父が直接頼めるような人ではなかったからです。」

——家屋が雁行して配置されたのは何故ですか。「祖父が庭の眺めを愉しむためです。」

——では、建てられた当初の様子をお聞きします。まず家族構成はどのようでしたか。「当初は、祖父母に、私の母の3人暮らしで、お手伝いさんが1人か2人いたようです。それに、叔母が2、3年同居していました。この叔母は鎌田本家（静岡県磐田市）の娘で、祖父の兄の子供（亮の姪）に当たる人です。」

——お父さんの鷹夫さんは養子ですか。「そうです。母の節子は昭和24（1949）年に結婚しましたので、それ以後、父がここに住むようになりました。」

——その後の変化はありますか。「祖父が株で財をなしたので、常に書生が2、3人いたようです。男手としても必要だったのです。」

—131—

——ご両親の結婚後、子供は何人いましたか。「私を入れて3人で、姉と弟です。私は昭和26(1951)年、姉は昭和25年、弟は昭和28年生まれです。私たちのほかには、昭和30年か31年に、父方の両親が加わりました。戦後お手伝いさんはいませんでした。祖父は昭和16年に、祖母は昭和22年に亡くなりましたので、戦後は、父母、養子先の母親、子供3人の計6人の家族構成でした。養子先の母親というのは、実は祖父は本家の養子であり、その縁組先の母親ということです。」

——では、実際に部屋の使い方についてお聞きします。まず応接間はどのように使用していましたか。「ここは客間として使用していました。今は近くに便所がありますが、客用に昭和49(1974)年に新設したものです。ここは土地からいうと鬼門（北東の方位）に当たる位置で、そのため当初は便所を造らなかったのです。応接間は棟梁の弟が担当したそうです。そのためか、プール状の陸屋根としました。もっとも雨漏りがしたようで、修繕が必要でした。」

——玄関からすぐの6畳間は。「ここには掘り炬燵があり、茶の間と呼んでいました。そこは食事室でもありました。」

——玄関脇の4畳半間はどうでしたか。「ここには、子供3人が一緒に居ました。」

——離れに和室2間がありますが、そこはどのように使っていたのですか。「一番奥の部屋は父が使い、隣が母の専属の部屋でした。箪笥が造り付けになっています。これら2間は続きの間でもあり、16畳分とれます。」

——子供が成長したときはどのような住み分けだったのでしょうか。「私はその後、茶の間の隣の6畳間に移りました。ここは仏間でもあり、以前は母の寝室でもありました。私がここに移ったのは14歳のころ、中学生のときです。そして19歳のときに茶の間とはベニヤ板で仕切りました。そのときにベッドを置いて、大学生時代はここにずっといました。弟は私たちが一緒にいた4畳半間を使いました。姉は、4畳半間にいたり、母のいた奥の6畳間あるいは応接間を使っていたりしたようです。」

——鎌田さんがいた6畳間の隣に便所の戸がありますね。「はい、しかし、平成9(1997)年、裏に自宅を新築したときに、邪魔になったので壊しました。今はそのときのドアが残っているだけで、ドアを開けると壁です。」

——その新築したところは以前は庭だったのでしょうか。「6畳大の物置がありました。また梅の木や井戸、納屋がありました。まとまった庭ではありませんでしたが、菜園として使っていたようです。」

——台所が大きいですね。「ここは以前、3畳と4畳半に分かれていました。そのうちの3畳は使用人の部屋でした。丁度、客間近くに便所を造ったときに、ここを改造しました。それは姉が結婚した前年の昭和49(1974)年でした。」

——風呂は元のままですか。「浴槽以外はそのままで、風呂にある戸口もタイルも当初のものです。母や使用人が風呂を焚いていました。子供たちが焚くことはしま

せんでした。戦後ですが、風呂は傷んだので、銭湯に行きました。その後、昭和30年代にヒノキ製の浴槽を置き、ガスで沸かしていました。」

―脱衣室の半分が畳敷きですね。「そうです。この脱衣室には棚はなく、籠を置いていました。また、鏡台があり、母の化粧室でもありました。鏡台は処分せずに、保管しています。」

―建築普請で自慢はどこですか。「まず材料が木曽のヒノキということで、奥の座敷の天井はアメリカスギです。何でも祖父が好きでアメリカスギを使いたかったようです。ちょっとテカったような質感があります。床柱は絞り丸太で、木曽中を探したということです。縁側の丸桁もヒノキの1本柱で、祖父はこれがうちの宝と言っていました。また、普請には釘を使っておらず、大工にしろ左官にしろ、職人はその業界のトップクラスの人を集めたようです。職人は敷地内の小屋に住み込んで10ヶ月で造りました。ただ祖父はしょっちゅう来られなかったので、代わりに叔父が棟梁と打ち合わせをしました。」

―そのときお祖父さんはどこに住まわれていたのですか。「市川市です。本籍の静岡から東京の本郷、そして市川に移ったようです。」

―梅丘を選んだ理由は何でしょうか。「ここを見て栄えると直感したそうです。豪徳寺方面から、あるいは世田谷代田駅から会社に通勤しようと考えていたのか、あるいは小田急線に梅ヶ丘駅ができることを知っていたのかもしれません。ただ、当初は現在のNさん宅あたりの350坪くらいの土地（梅丘まちづくりセンター近く）が庭を造れるので良いと考えていたようです。しかし近くに神社（杓子稲荷神社）があって、女の人が毛髪をもって願を掛けに来たとかでお祖母さんがそれを嫌がっていましたので、現在の場所に決まったようです。」

―玄関前の道路は広いですね。「今は10m幅の路ですが、当初は狭く、現在の門の前方約5mまでが敷地でした。予定されていた東京オリンピック（昭和15年）の開催に合わせて道路を拡幅するというので、門までの敷地をとられた次第です。オリンピック道路の拡幅は昭和14（1939）年頃で、この道路をバスが走り、近くに停車場がありました。」

―今の門は最初からありましたか。「家と門は同時に建てたと聞いています。おそらくオリンピック道路の拡幅のことをあらかじめ知っていて、今の位置にしたのだと思います。」

―そのほかに建築当初で記憶に残ることはないですか。「この辺りは井戸を使っていて、戦前に水道は引かれていませんでした。当時はこの辺りでは家が10軒（引っ越し予定が3、4軒）ほどだと聞いています。10軒集まると水道が引けたのですが、うち3、4人が反対しました。祖父は何度か水道を引きたいとご近所を説得しましたがダメでした。そこで、自宅の南にMさん宅があり、その南側道路に本管が通っ

ているので、そこから水道を引くことにしました。Mさんは左官屋さんで、Mさんにうちの家の門の仕事をしてもらったりしまして、仲が良かったそうです。やがて戦争になり、男手を取られ、水道のない家では、毎日井戸から水を汲むのが大変だったそうです。お祖母さんが近所の方から、反対せずにあの時、亮さんの言うとおり、水道を引いておけば良かったと何回も言われたそうです。ところで、ここの敷地の奥はちょっと斜めになっているのですが、祖父は当初このことに気がつきませんでした。当時は隣に家がなく、草地だったので。それで奥の部屋と隣地との間が1mしかないほどに狭くなりました。」

　—最後にお聞きしますが、この家がこれまでほとんど改造しないまま残ってきた理由は何でしょうか。「母の意向が強かったということです。祖父はリベラルといいましょうか、自由主義の人で、子供（母）1人だったので、母が13、14歳のころ、この家を継ぎたいのか、嫁に行くのかを自分で決めるよう言ったそうです。家を継ぐ場合は養子を取ることになります。母はこの家を継ぐことを選んだので、以後この家は母が守ってきたようなものです。そこで誰にも触らせないという意向が働き、そのまま残ってきたのです。台所と便所などの水回りを直したくらいなものです。今の台所は元は3畳の和室と4畳半に分かれていました。台所は4畳半の方で、流しは人造石のものを使っていました。その流しは保存してあります。ここは家の中ではもっとも改造されていますが、それでも台所の勝手口の戸と土間は元のままです。」

6-3　主要諸室について

1）玄関と玄関の間（図10～12）

　玄関口の鴨居に溝が2本あり、手前に引分けの板戸、奥に同じく引分けのガラス戸が付く。その上に磨りガラス入りの欄間を設ける。土間は人造石洗出し仕上げで、土間の天井高は2820mmである。土間の横幅一杯に1枚板の踏み台が付く（厚さ58mm、幅は442mm）。踏み台の土間からの高さは328mmで、さらに踏み台から敷居までは173mmである。敷居には4枚のガラス入り障子が入る。土間の北側に、縦舞良子を入れた引違い戸の下駄箱を造り付けにする。

　玄関の間は3畳敷きで、天井高は2487mmである。土間と玄関の間はともに竿縁天井を持ち、砂壁で仕上げている。玄関の間の北側の壁の開口部に、縦格子を入れたガラス戸（縦793mm、幅591mm）がはめ込まれる。土間と玄関の間にある照明具は創建時のものである。

2）応接間（図13、14）

　応接間は8畳大で、縦羽目板の腰壁（高さ746mm）の上ならびに天井を漆喰仕上げとする。天井高は2973mmで、壁との境に繰形はなく、天井中心飾りもない。西側

に暖炉を設ける。マントルピースは228×36mmのタイルを、火床の奥の壁は73mm角のタイルを張る。天板は大理石の一枚板であり、火床前にも同じ大理石のプレートを置く。

開口部については、東面の窓はベイウインドウで、南北面の窓も合わせて、窓枠は昭和50年代に木製からアルミサッシに取り替えている。ドアにははめ殺しの欄間窓を設ける。フローリングは更新（クリ材）されている。また、照明具は平成8（1996）年に取り替えたが、カーテンレールとドアノブは元のままである。

図10　玄関土間

図11　玄関の間

図12　土間の造り付けの下駄箱

図13　応接間・西面

図14　応接間・南と東面

—135—

3）4畳半間（図15）

同室の北側に1畳分の押入があり天袋が付く。天井高は2381mmで竿縁天井を持つ。南と東側にそれぞれ引違い窓があるほかは、砂壁仕上げとする。

4）茶の間と6畳間（図16）

茶の間と6畳間の境は閉じられているが、以前は襖で仕切られていた。2室とも竿縁天井を持ち、長押を回す。茶の間の天井高は2803mmで、床には半間の掘り炬燵が設けられ、隣の6畳間の西側を押入とする。

5）台所（図17）

北側に流し、調理台、レンジを並べ、流しの前方を出窓とする。窓は引違いのサッシである。これら諸設備は平成28（2016）年にすべて入れ替え、壁の内装、床も更新したが、勝手口の引違いのガラス戸ならびに欄間窓は元のままである。

6）浴室・脱衣室（図18、19）

1坪の脱衣室に同じ1坪の浴室が付く。脱衣室の半分は畳敷き、もう半分は板敷きである。脱衣室の出入り口はガラスの引戸、東に引違い窓、浴室との境に片引きのガラス戸を設ける。天井高は2473mmで、竿縁天井を持つ。

浴室の腰壁は白タイル（150mm角）張りで、脱衣室との段差は248mm、天井高は2644mmである。西と北側に引違い窓があり、このうち北側の窓下に戸口がある。これは浴槽（ヒノキ製）を入れるため当初から設けられていた。浴槽は10年くらいで取り替えたという。

7）離れ：10畳間と6畳間（図20～23）

10畳間西側の右手に地袋付の棚を、左手に床の間を配し、その床脇を琵琶床とする。琵琶床の南側に付書院を設ける。長押を回し、鴨居から上を砂壁とする。猿頬天井で（天井高は2782mm）、天井板はアメリカスギ、床柱はヒノキの絞り丸太を用いる。床の間の天井は竿縁で、棚の上のそれはスギ板2枚を張る。敷鴨居の内法高は1730mmで、東と南側に猫間障子を入れ、10畳間と6畳間境の襖は、両面とも葛布張りである。この葛布張りは6畳間西側の襖にも用いている。

6畳間の北側一杯はタンス入で奥行を488mm取る。長押を回し、天井高は2770mmで、10畳間より若干低い。それは回り縁の成（10畳間は54mm、6畳間は42mm）が異なることによる。10畳間と同じく猿頬天井で、東側の建具を猫間障子とし（内法高1730mm）、鴨居から上を砂壁とする。なお、6畳間の照明具は天井裏のバランサーにより手動で上下する。

図15　4畳半間

図16　茶の間

図17　台所

図18　脱衣室

図19　浴室

図20　10畳間・西面

図21　10畳間・南面

図22　10畳間天井

図23　6畳間

8）縁側（図24、25）

　縁側は茶の間・6畳間の南側、離れの東側と南側に、それぞれ雁行しながら配される。茶の間と玄関の間に挟まれた廊下の内法幅は788mmであるのに対して、茶の間・6畳間前の縁側の内法幅は944mm、離れの縁側のそれは956mmで、奥に行くにしたがって徐々に広くなる。縁側は縁甲板張りで、下屋は化粧垂木を見せる。縁側の丸桁はすべてヒノキの丸太で、次のような大きさを持つ。

　6畳間と茶の間前：丸桁の径122mm（末口）、長さ7418mm。

　離れ東側：丸桁の径は160mm（元口）、長さ8514mm。離れ南側：丸桁の長さ5506mm。

　縁側にはすべて欄間が付き、はめ殺しと無双窓で構成される（図26）。無双窓は6畳間・茶の間前に2ヶ所（4ヶ所の欄間のうち）、離れ東側に1ヶ所（4ヶ所の欄間のうち）、同南側に1ヶ所（2ヶ所の欄間のうち）ある。なお、離れの縁側外の雨戸に無双窓のような細工がある（図27）。それは、かつて縁側に照明具がなかったため、夜間に縁側を歩くときの採光用であったという。

図24　10畳間前の縁側

図26　縁側の欄間（無双窓）

図25　茶の間前の縁側

図27　雨戸の無双窓

6－4　創建後の改築について

これまでの調査で判明した改造箇所についてまとめておく。

- 昭和49（1974）年、応接間の屋根を陸屋根から勾配屋根のものに替える。
- 同年、便所を応接間近くに新設する。
- 同年、台所隣室の3畳間を改造して7畳半大の台所とする。
- 平成9（1997）年、創建時の便所を取り壊す。浴室・脱衣室の西側外壁にサイディングボードを張る（元は押縁下見）。
- 平成26（2014）年、離れの西側外壁の押縁下見板の下部を撤去し、ガルバリウム鋼板製ボードを張る。応接間の屋根をガルバリウム鋼板に替える。
- 同年、台所の設備はすべて入れ替え、壁の内装、床を更新し、床下に耐震用金具を取り付ける。

6－5　創建時の姿

まず外観の仕上げについては、応接間の洋館から建物の北側はモルタル吹き付け、玄関から庭側は漆喰（一部砂壁）、そして建物の西側は押縁下見板で仕上げられていた。一部にガルバリウム鋼板が張られているが、往時の仕上げをよく残している。

鎌田邸では、大きく改造したのは台所と便所であった。まず、台所については、鎌田氏から聞き取ったように、当初は2室に分かれていた。現在の台所の東側に3畳の和室、西側に4畳半の板敷きの台所があった。2室の境は現在の出窓の東端にあり、この出窓の位置に流しとガス台があった。3畳間の方は戦前、女中室あるいは書生室として使用し、戦後は納戸となった。

次に便所については、当初は6畳間（茶の間の隣室）の押入の西側に設けられていた。現在その戸口のみが残る（図28）。鎌田氏によると、便所の奥行は1.5間ほどで、戸口側から手洗い、小便所、そして大便所で、手洗いと小便所との間には仕切りのみ、小便所と大便所との間には開き戸があったという。便所を取り壊したときに鎌田氏が撮影した写真ならびに保管されていた便所の土台部分に残された柱の柄穴から、手洗い、小便所、そして大便所の奥行は、それぞれ3尺、3尺、3.5尺であったこと、そして、それぞれに引違い窓があり、さらに大便所には掃き出し窓があったことがわかった。なお、鎌田氏によれば、玄関の間から応接間に行く廊下の北側の壁面に、創建当時2つあるいは3つの矩形窓が穿たれ、

図28　便所（ドアのみが残る。）

祖父の趣味ですべてステンドグラスがはめ込まれていたという。

6-6　鎌田邸の特徴

　鎌田邸が建てられた昭和7（1932）年の交通事情として、世田谷線は大正14（1925）年に三軒茶屋から下高井戸まで、小田急線は昭和2年に新宿から小田原まで、それぞれ開通していた。同邸のある梅丘の地名は、小田急線の梅ヶ丘駅に由来し、同駅は昭和9年4月に新設された。因みに昭和8年頃、梅丘と豪徳寺の地域に家は60軒くらいだったという[3]。

　鎌田邸の西側外壁は隣地境界に迫っていて、建物は敷地の西側に寄せて立っている。その反面、門から玄関までは約11mあり、アプローチが長い。西側が窮屈になったのは、昭和15（1940）年に開催予定の東京オリンピックに合わせて、前面道路の拡幅が計画され、予め門を西側に後退させておく必要があったからだ。門が後退した分、主屋も現在の位置まで移動して建てられた。もっとも、門から玄関までの距離を短くして道路拡幅分を調整することもできたはずなので、門から玄関まで一定の距離を保ちたかったことになる。

　玄関脇に洋間を設けるのは、鎌田邸に限らず昭和初期の住宅に多くの事例がある。ただ、その種の洋間は通常、急傾斜の屋根を持つのに対して、鎌田邸では陸屋根としているところに特徴がある。そして、何より同邸の特徴はその雁行形の間取りにある。雁行形について、川道麟太郎はそれが出来上がった要因を11項目に分けて説明する[4]。ここでは鎌田邸と関係すると思われる以下の5項目について、それぞれの内容を要約する。

　①採光・通風：日本は多雨で夏は蒸し暑いため、開口部を大きく取って屋内の風通しを良くすることが求められた。建物周縁部は、中央部より明るく、庭に接して快適な場所であった。一体的な建物よりも、雁行形にすれば外部に面する部分を多く取ることができる。

　②庭園との関係：雁行によって、建物の入隅のところへは庭が深く入り込み、出隅では建物が逆に庭の空間へと乗り出す。建物と庭の接する部分は多くなり、両者の緊密さや一体性は増す。庭は半ば囲い込まれて、それぞれの庭を個別的に扱うこともできる。

　③増改築・変化への対応：雁行形は、増改築に柔軟に対応でき、必要に応じて建て増すことができる。

　④異質の包含：公的で晴向きの大広間、私的で生活色の強い部屋、茶室や能舞台などの異質なものは、直接に繋ぐよりは、互いに緩やかに繋いだ方がよく、雁行することでそれが可能になる。

　⑤序列的・領域的空間構成：雁行形は武家社会に対応するものとして、奥に行く

につれて格式を増したり、晴れやかな場からプライベートな空間への転調をもたらせたりする。

では、鎌田邸の雁行形はどのような意味を持っていたのか。聞き取りでは、雁行形を採用したのは祖父が庭を愉しむためだったので、上記の②が重要だったことになる。①の採光・通風については、離れの北ならびに西側、茶の間に続く6畳間の西も押入で閉じられているので、採光・通風を重視していたことにはならない。開口部の取り方から、通風の経路を確保するというよりも、東と南面を重視していたことがわかる。③の増改築・変化への対応については、鎌田邸では便所の増築があった。創建時、便所は鬼門の位置を避けるために離れ寄りに設けられた。玄関ならびに応接間に近い位置への便所の新設は、使い方から見れば便利である。それが可能であったのは、雁行しているが故に生じた建物の入隅を利用することができたからである。④の異質の包含については、和室の諸室と応接間との対比となる。応接間前の廊下壁面にはかつてステンドグラスの窓があったことを含めて、洋間と和室が一定の距離を保ちつつ、効果的に組み合わされている。そして、⑤の序列的・領域的空間構成については、離れを父母が使っていたことから、ある程度序列的な意味合いがあったことがわかる。

結　論

以上の考察を通じて、鎌田邸については次のようにまとめられる。

- 昭和7（1932）年に建てられた鎌田邸は、区内のみならず都心に行くにも至便な場所になりつつあった世田谷の発展期に建てられた郊外住宅の例となる。
- 主屋と同時期に造られた塀は、石の粒が雨によってさらに洗い出され、小石が当初よりも目立ってきているものと推察されるが、年月を経ても古びない丁寧な仕事がなされている。
- 主屋の玄関には入母屋屋根を、その背後の和室2間には規模を大きくした入母屋屋根を架けているので、平屋でありながら、屋根が複層した堂々とした正面を見せている。他方、玄関右脇に張り出した洋館は、真壁造りの主屋とは対照的に、淡黄色のモルタル吹き付け仕上げに緑の洋瓦がコントラストをなす造りである。
- 同邸は玄関の脇に洋間（応接間）、南側に居室、そして中廊下を挟んで台所と浴室を設けている。間取りの上では、中廊下式と和洋折衷式の流れを汲むものである。さらに、雁行形に諸室を配置することで、接客用の洋間、家族の集う茶の間、そして離れの領域に明瞭に分かれるとともに、矩折れの縁側越しに庭園の眺めを愉しむことができる。
- 和洋折衷の住宅の洋館部分は通常急傾斜の屋根を持つが、同邸では創建当初

—141—

は防水処理をした陸屋根であった。後に雨漏りのため勾配屋根に改変したが、屋根は緩勾配のため、人の目線からは陸屋根のように見える。また洋瓦は変えていないので、景観上は創建時の洋館のイメージをそのまま伝えている。

- 洋間にはそれ特有の繰形や天井中心飾りはなく、簡素な仕上げであるが、陸屋根を採用したことを勘案すれば、洋間によりモダンな時代感覚を看取できる。
- この洋間の室内の窓と床は更新されている。このほか、主屋では当初の便所は撤去され、台所の内装ならびに設備とも一新されているが、それ以外に改造はなく、住宅としては極めて保存状態のよいものである。
- 敷地内には世田谷区認定の保存樹が10本あり、この地域の緑豊かな一角を形成し、門と塀、主屋ともども景観形成上なくてはならない存在である。

註

1） 平成20年8月31日に「鎌田家住宅の調査報告書」を世田谷区に提出（図面一式：配置図，平面図，断面図，立面図と所見）。鎌田邸は平成21年11月に国の登録有形文化財に登録された。
【調査参加者】（肩書は調査時のもの）
朝倉三和子，山口英恵
（昭和女子大学大学院生活機構研究科環境デザイン研究専攻2年）
高畑緑，中山葵，渡邉佳子（同1年）
池田未帆，今西秀美，小田島早矢香，片倉真里，高橋奈々，阪西麻依，武藤茉莉
（同大学生活科学部生活環境学科4年）
【日程ならびに調査内容】
平成20年7月12日：平面図のスケッチ，聞き取り／7月13日：平面図の実測，立面図と断面図のスケッチ／7月19日：立面図と断面図の実測，配置図のスケッチ／7月20日：引き続き，立面図と断面図の実測，門と塀のスケッチならびに実測

2） 【調査参加者】（肩書は調査時のもの）
福岡寿乃，山本菜摘（昭和女子大学生活科学部環境デザイン学科4年）
金谷匡高（法政大学大学院デザイン工学研究科建築学専攻博士後期課程3年）
高橋由香里（世田谷区公共施設マネジメント推進課嘱託）
【日程ならびに調査内容】
平成28年11月23日・24日：追加調査（聞き取りならびに展開図の作成）

3） 世田谷区生活文化部文化・交流課編集・発行，『ふるさと世田谷を語る　経堂・宮坂・梅丘・豪徳寺』（平成10年），p.86

4） 川道麟太郎著，『雁行形の美学　日本建築の造形モチーフ』（彰国社，2001年），pp.149-172

図版出典

図面は世田谷区に提出した報告書のものを筆者が修正して作成,写真はすべて筆者撮影。

鎌田邸(制作 2012年)

第7章　戦後の小住宅と民芸運動の影響
—旧柳澤君江邸（昭和26年）—

　京王線の代田橋駅で下車し、南口から出て東南に向かう。樹木の生い茂る玉川上水緑道に沿って歩くと、ほどなくして環七通りに達する。この通りを南下して井の頭通りを過ぎる当たりで脇道に入ると、環七通りの喧騒が遠のく住宅街となり、塀越しに多くの樹木が垣間見える一角に至る。場所は世田谷区大原1丁目、代田橋駅から徒歩で7、8分のところに旧柳澤君江邸が現存する。平成22（2010）年度に同邸を国の登録有形文化財に申請することになり（平成23年10月に登録）、世田谷区からの依頼を受けて調査を行った[1]。

　柳澤邸については、所有者から創建当時の工事請負契約書ならびに工事仕様書、さらに創建当初の建物の写真を提供していただけた。

7－1　家屋概要

　当該建物は敷地の中央北寄りにある（図1の網掛けの建物）。この建物の左手（西側）に接する寄棟造りの建物は平成初期に建て替えられたので、新旧の建物が棟を分けて立ち並ぶ（図2）。図3は柳澤家に残された創建当時の工事中の写真で、図4は調査対象建物の平面図である。

　木造瓦葺き平屋建ての切妻造りで、建物の妻面を南に向ける。この妻面に瓦葺きの庇が付き、右端（東）に玄関を取る。外観上で目を引くのは、妻梁の上の計4段の貫とそれを受ける束による縦横の木組みの意匠である。さらに木部を黒く塗ることによって（ただし貫は金属板で覆っている）、白漆喰の壁と印象的なコントラストをなす。この貫と束の意匠は、そのまま北側の妻にも施されている。それ以外の外壁については、西面が漆喰、東面が竪羽目板張り、北面は竪羽目板張りと押縁下見板張りを併用している（図5）。

　玄関の引違い戸を開けると、全体の建築面積に比して広々とした大谷石張りの土間（3.5畳分）がある（図6）。この土間の天井は傾斜していて、奥に下駄箱が造り付けになっている。その白漆喰の壁の上部には1本の梁と束が現しになる。

　土間の左手にある板戸（舞良戸）を開けると8畳の応接間があり、奥に4畳半の和室が続く（図7）。応接間は東面に煉

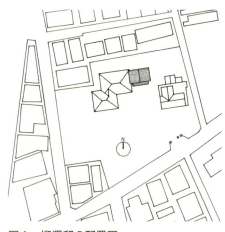

図1　柳澤邸の配置図

—144—

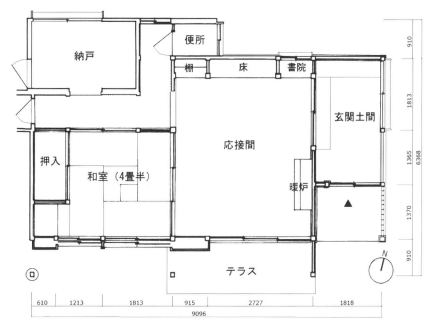

図4　柳澤邸の現状平面図

図2　柳澤邸・右が創建時の建物

図5　柳澤邸・東ならびに北面

図6　玄関土間

図3　工事中の写真

瓦造の暖炉、北面に床の間、棚、平書院を配し、漆喰天井にはハツリ痕を残す丸太が十字に組まれている（図8〜10）。このように、洋間でありながら古民家調、あるいは伝統的な意匠が加味されている。この応接間の南側のガラス戸（図11）、西側の和室を間仕切る襖戸はともに3本溝であり、片側に引き寄せることができる。

応接間に続く和室は、応接間とは約6寸（178mm）の段差がある。畳敷きの中央には炉が切られ、竿縁天井を持つ。和室の西側には飾り棚と2段の押入があり、天井近くに応接間と同じくハツリ痕を残した梁を渡している。南側には雪見障子が建て込まれ、その外側に引違いのガラス戸が入る（図12）。

応接間の西側に片引きの板戸があり、そこを開けると短い廊下が付き、洗面所、便所、そして納戸（元台所）がある。廊下を挟んだ北側に水回りをまとめていたことになる。応接間の外側には大谷石を敷き込んだテラスがある。このテラス回りの基礎には通常の長方形の換気口とは異なり、高さ約15mmの細長いスリット状の換気口が柱間いっぱいに設けられている（図13）。そのため床高が抑えられ、テラスに出やすくなっている。現状の床面積は、43.48㎡（建築面積は52㎡）である。

図7　応接間

図8　応接間・北面

図9　応接間の天井

図10　応接間の暖炉

図11 応接間・南面

図12 4畳半間

図13 スリット状の換気口

7-2 柳澤邸の家歴

　平成22（2010）年9月14日の訪問時に、当主の柳澤君江氏ならびにご養子のK氏から家歴についての聞き取りを行った。柳澤家は嘉永年間（1848～54）から大原の土地持ちで、周囲からは本家と呼ばれていた。君江氏は大正8（1919）年、この地に生まれ育った（平成23年10月4日逝去）。父親は、君江氏がまだ幼い頃に亡くなる。第二次世界大戦でこの一帯は被災したが、焼け残った近くの分家の家屋に一時期住んでいたという。当該住宅を建てた頃はすでに母親は他界し、家族は姉の千代鈷（明治42年生まれ）だけとなり、姉妹で住むための家を建てることになった。

　同家には「柳澤邸新築工事 工事請負契約書」と「柳沢邸増築工事請負契約書」の2種類の契約書が保管されている。詳しくは次節にて検討するが、同契約書には加藤恭平という名前が記載されていた。君江氏が記憶されていたことは、加藤恭平は民芸についての造詣が深く、姉妹も民芸に興味があったという。同家に残されている椅子（ウィンザーチェア4脚）とテーブルは銀座の「たくみ」で購入したとのことである[2]（図14、15）。また大工は宇都宮出身の人であったと聞いているという。

　平面図（図4）の納戸はもと台所であり、平成初期に建物の西側に接する建物を新築したときに、そちらに台所を移した。そのため、かつての面影はなく、北側の

—147—

引違い窓はアルミサッシュに更新され、勝手口の開口部はベニヤ板で塞がれている。

それ以外の改造は、平成21(2009)年2月に耐震補強工事をした際に、壁を塗り替え、襖の張り替えを行い、平成12年頃に和室の引違い戸を取り替え、テラスならびに玄関土間の大谷石を更新している。また屋根瓦は部分的に取り替えられ、玄関ドアも新しいが、それ以外は創建当時のままであるという。そのほか、大谷石の門柱は当時のものではなく、当初はヒノキの丸太であった。

君江氏は、飯島春敬（1906～1996）を師とする書家であり、当該住宅の和室や同じ敷地に立つ2階建ての住居で近年まで書道教室を開いていた。なお、前述した椅子とテーブルのほか、昔の照明器具が保管されている（図16）。

図15　バタフライ式のテーブル

図14　ウィンザーチェア

図16　照明器具（河井寛次郎作 "そろばん玉型電気シェード"）

7－3　工事請負契約書ならびに工事仕様書

柳澤家には、当該住宅に関して工事請負契約書と工事仕様書、そして増築工事請負契約書が存在する。前者は調査対象の建物、後者は隣接する建物の増築に係るものである。まず、工事請負契約書と工事仕様書の全文を紹介し、それぞれの内容を吟味する（漢字表記は適宜、新字体に改めた）。次節で増築工事について触れる。

a）工事請負契約書

便箋縦書き4枚つづりのもので、1枚目に「柳澤邸新築工事　工事請負契約書

加藤建築事務所」と表記され、2、3枚目にその内容が記され、4枚目に工事請負人と立会人の署名がなされている。以下、全文を掲載する。

　　工事請負契約書
　　柳沢千代鈷を甲とし加藤恭平を乙とし甲乙間に左記の工事契約を締結す
一、工事場所　世田谷区大原町一、一七六柳沢邸内
二、工事の種類　柳沢氏住宅新築工事
　（イ）木造瓦葺平屋壱棟
　　　　　　　建坪　十五坪七合九勺
　（ロ）物置　ナミトタン葺　建坪　一坪半壱棟
三、工事の期間　着手　契約成立の日より十日以内　完成　着手の日より一二〇日以内
四、引渡しの時期　完成の日より十日以内
五、請負代金　八拾万円也
六、支払方法　第壱回　四拾万円也　　第弐回　壱拾弐万円也
　　残額　上棟後工事の進捗により随時　工事完成引渡迄に完済のこと
　　　第壱条　乙は別紙添付図面及び仕様書に基き本工事を工期内に竣工せしめ甲の検査を
　　　　　　　経て甲に引渡すものとす　但し天災其の他乙の責に帰すべからざる事由に依
　　　　　　　り工事の進捗困難なる場合は協議の上右期間を延長する事が出来る
　　　第弐条　工事施工中火災の損害は甲の負担、盗難に就ては乙の負担とする
　　　第参条　本契約に定めない事項（追加工事、工事の変更）ある場合は協議の上その都
　　　　　　　度協定する事
　右契約の証として本書弐通を作成し甲乙各壱通を保管する
　昭和弐拾六年七月弐拾七日　　　　　　　　　以上
　甲　柳澤千代鈷　　印　　乙　加藤恭平　　印　　立会人　野崎三郎　印

　このように、柳澤邸新築工事請負契約書は、昭和26年7月27日に交わされている。そして契約成立の日より10日以内に着手、完成は着手より120日以内と記載されている。これに従えば、建物は昭和26年内に完成していたとしてよいだろう。これが本住宅の建築年の根拠となる。なお、同契約書には建坪15坪7合9勺（52.19㎡）との記載があった。

b）工事仕様書

　以下、工事仕様書の全文を掲載する（便箋縦書き4枚つづり）。

　基礎下図の如きコンクリート基礎とす　特に柱下は割栗としてコンクリート塊を入れ　大蛸にて充分突き堅め捨コンクリートを打つ　見出しは約三寸五分とし猫（高さ八分）を打ち
　床下の通風をはかる事　要所は径四分のアンカーボート（筆者注：アンカーボルト）を以て土台を締めつける

—149—

土台　杉四寸角を使用し充分にクレオソートを塗り図面通り鎹（かすがい）を入れる　特に台所廻りは
　　　桧材を使用す

（ヘ）ホール前テラスは幅四尺五寸とし大谷石を以て張る事

柱　　杉三寸五分角（見えがかりは<u>背割付</u>見えかくれは<u>背割</u>なし）を使用しホール部分の中造
　　　型上一部四寸角を使用する

瓦　　三州瓦特一使用　棟は<u>丸共四段積</u>とし厚のし使用　<u>鬼瓦珠数掛</u>使用

壁　　真壁白漆喰仕上げ　四畳半は京土聚楽のこと

水道衛生工事
　　　　　給水箇所は　台所流し一ヶ所　便所手洗一ヶ　庭先一　以上三ヶ所

<u>塗装</u>工事　外部特殊<u>シブ塗り</u>仕上げ内部はオイルステイン仕上げとす

外廻り　裏側西側は押縁下見張りとす

電気工事　図面通り施工、全部パイプ工事とし各部屋毎に（応接を除く）コンセント一ヶ宛
　　　　　とりつける事　玄関入口に電鈴をとりつける事　照明器具含まず

追記
（イ）流しは注文者に於て購入のものを据付けガス台食器戸棚は本工事予算にて施行のこ
　　　と

（ロ）ガス工事は本工事予算に含まず

（ハ）排水工事は家屋より一米の巨（ママ）りに大マンホールを据えそれ以下は別途工事とする

（ニ）四帖半の天井はスス竹竿縁にヨシズをかけ漆喰落しとする　ホールは木ズリ漆喰い
　　　天井とす

（ホ）物置小屋（建築中大工泊小屋に使用し）工事完了後シブ塗仕上げをすること

　　玄関内部及び入口は大谷石を敷くこと　本工事に使用する大谷石は注文者より無償提供の
　　こと　右仕様書に記述なき部分については設計者伊藤氏と協議の上その都度決定すること

<small>（文中の下線ならびにルビは筆者）</small>

C）工事仕様書の検討

　工事仕様書については、冒頭に「基礎下図の如きコンクリート基礎とす」とあるが、
それに該当する図はなかった。また、「土台」の説明に続いて（ヘ）という項目が
唐突に挿入されている。本仕様書の後半に（イ）（ロ）（ハ）で始まる箇所があるの
で、本来（ホ）の次に（ヘ）の項目が続くのであろうが、何故か順番に乱れがある。

　この仕様書には、具体的にイメージを掴むにはやや難しい言葉づかいがあるので、
ここで注釈を加えておく[3]（仕様書の下線箇所）。

<u>割栗としてコンクリート塊</u>：割栗（石）とは基礎地業に使用する岩石を割って
作った石材を意味するが、石の替わりにコンクリートを使用したことになる。

<u>大蛸</u>：蛸（たこ）とは地業工事に使用する木製の道具

<u>見出しは約三寸五分とし猫（高さ八分）を打ち</u>：見出しとは目に見える部分を意味

—150—

する。文意から、地上に現れた基礎の高さが3寸5分（約10.6cm）だと思われる。猫とは「土台下と基礎との間に飼い込むものの総称」であり、その部分の高さが8分（約2.4cm）となる。

背割：木材が乾燥に伴う割れの生ずることを防止するために、木の一辺の中央より樹心に達する鋸目を入れ、これに楔を打ち込むことで、背割した側は見え隠れ（隠れて目に見えない部分）に回して使用する。

丸共四段積とし厚のし：丸共の丸とは、丸冠、つまり棟の一番上に来る冠瓦のことで、それを含めて4段で棟が構成されていることになる。厚のしの「のし」とは熨斗、つまり棟積みに用いられる短冊形の平瓦のこと。

鬼瓦珠数掛：珠数ではなく、数珠（じゅず）の誤記であり、鬼瓦の前面に施された玉状の飾りを指す。

シブ塗（渋塗）：柿渋を塗った仕上げで、防腐効果がある。主として木造外壁に塗る。

以下、本仕様書の内容を現状と照合してみる。まず、割栗にコンクリート塊を使用したことについては確認できないが、それが戦後間もない時代を反映し、空襲で焼失した家屋のコンクリート基礎を再利用したとも考えられる。

注記をしておいた「見出しは約三寸五分とし猫（高さ八分）を打ち」については、例えば建物の正面側の基礎と土台に着目すると、地上に現れた基礎高は約13cm（仕様書では10.6cm）で、土台と基礎の隙間は約1.5cm（仕様書では2.4cm）であった（図13）。なお、この土台の高さは13cmで、仕様書では4寸角（約12cm）であった。

次に、瓦ならびに棟については、当該住宅の棟には冠瓦があり、その下に3段の熨斗瓦が数えられ、鬼瓦には数珠の模様が認められるので、記述と現状は合致する（図17）。

室内の柱「杉三寸五分角（約10.6cm）を使用しホール部分の中造型上一部四寸角（約12cm）」（ホールは応接間のこと）については、実測した結果、玄関土間回りならびに和室の柱は10cm程度で、応接間のそれは、大きいもので14cm、それ以外は11.5cm程度のものが多かった。なお、仕様書文中の杉三寸五分角に続く「見えがかりは背割付見えかくれは背割なし」は、普通背割のある面は、見えがかり、つまり見える面には使用しないので、この解説文は、正確には「見えがかりは背割なし、見え

図17　鬼瓦数珠掛

かくれは背割付」とすべきである。

　テラス幅は「幅四尺五寸（約136cm）」という記載に対し、実際は約133cmである。また、壁が「真壁白漆喰仕上げ　四畳半は京土聚楽」については、現状は玄関土間と応接間が真壁白漆喰仕上げで、和室は土壁である。

　外壁に関する「裏側（と）西側は押縁下見張り」の記載については、裏側（北側）は竪羽目板と押縁下見を併用し（図5）、西側は漆喰仕上げである。西面は増築した際に改造されたので、逆に西面は押縁下見張りではなかったかと推察する。

　ところで、仕様書の（ニ）に「四帖半の天井はスス竹竿縁にヨシズをかけ漆喰落しとする」とあるが、現状は竿縁天井である。改造していないという聞き取りならびに部材には相応の古さがあることから、この箇所は仕様書通りに施工されなかったと思われる。

　このように、仕様書の記載については一部異なり、寸法については多少のずれがあるものの、設計者が仕様書で意図したことは現状とかなり符合するものであったと言える。なお、本工事仕様書の最後に「右仕様書に記述なき部分については設計者伊藤氏と協議の上その都度決定すること」と、加藤恭平とは別に伊藤という名前がある。

7－4　増築工事請負契約書

　先に柳澤家に残る古写真（図3）を紹介した。写真の右半分は完成しているのに対して、左半分はまさに普請中であることがわかる。つまり、これら2棟の工事時期は異なっているのである。この普請中の建物はすでに建て替えられているので、ここでは契約書の概要を記す。契約の日付は昭和26年10月25日で、請負は新築工事と同じく加藤恭平である。木造瓦葺平屋建一棟、建坪は10坪7合5勺（35.5㎡）で、請負金額は44万とある。同契約書には簡単な仕様書が添付され、「八帖間」「仕事室三帖」「浴室」「洗面所」等の増築工事であった。

　では、なぜ新築工事の契約（昭和26年7月）から、わずか3ヶ月後に増築工事の契約を行ったのか。君江氏からはこの創建時に係る確かな経緯を聞き出すことはできなかった。

7－5　設計者について

　工事仕様書の最後に記載されていた加藤恭平ならびに伊藤とは誰なのか。これら両者について、株式会社たくみの笠原勝氏からご教示と資料の提供を得ることができた。

　加藤恭平は明治42(1909)年栃木県に生まれ、慶應義塾大学卒業後、昭和11(1936)年に東京工芸社（戦後は東京光芸社と改称）を設立した報道写真系統の写真家として

活動し、昭和58 (1983) 年に死去している[4]。彼の経歴からは「加藤建築事務所」という契約書にあるような設計者としての活動歴は浮かび上がらない。では同姓同名の別人とも考えられるが、加藤恭平と建築との関わりを窺わせる資料があった。それは加藤恭平が軽井沢に建てた山荘で、加藤自身による解説文が雑誌『民藝』に掲載されていた[5]。以下に冒頭部分を掲載する。

「戦後生活様式が一変し、今さら昔ながらの民家では住みよいわけはない。近頃何もかもステインで塗りつぶし、意味もなく無理に古びをつけた、所謂民家様式一辺倒の住居の流行には、疑問をもたざるを得ない。民家風の建築というのは、伝統をもつ古来の構成を、たくみに現代のセンスで活かした外観或いは内部構造をとりいれた建物をいうのであろうと、私は結論したい。(以下略)」

これは雑誌1頁の文章で、文末に「光芸社々長」の肩書がある。このことから、加藤は上述した写真家の加藤恭平と同一人物であり、彼は現代における民家風(民芸)住宅に関心を持ち、自ら実践していたことがわかる。では、柳澤邸の工事仕様書にあったもう一人の人物「設計者伊藤氏」とは誰なのか。笠原勝氏から、伊藤は伊東の誤記で、伊東安兵衛ではないかとのご教示を得、さらに柳澤邸が掲載された資料の提供をいただけた。それは『民芸建築図集』[6]で、同邸の設計者は伊東安兵衛 (1908～1972) とあった。この『民芸建築図集』は宮地米三と伊東安兵衛の共著であり、同書には加藤恭平の自邸が掲載され(図18)、その設計者も伊東安兵衛であった。以下、まず伊東自身による加藤恭平邸の解説の一部を引用する[7]。

「この家は戦後坪数が30坪に制限されていた頃に計画されたものである。従って坪数をへらす為に平面に於て非常に多くの無理が出来た。しかし建築中にこの制限が解除になったので結局中二階まで一挙に完成した。」

同図集には加藤邸の竣工年の記載はないので、同文中にある坪数の制限ならびにその解除を手掛かりにする。この場合の坪数制限とは、臨時建築制限規則のことであり、昭和25 (1950) 年2月に緩和改正され、同年11月に廃止されるに至っている[8]。このことから、加藤邸は昭和25年中にあるいは昭和26年早々に建てられたと考えられる。加藤恭平と伊東安兵衛は施主と設計者という関係にあり、昭和26年冬期に竣工した柳澤邸では、両者は旧知の間柄であったと言える。ただし、柳澤邸の契約書に加藤建築事務所とある理由は定かではないが、施主の柳澤千代鉆は加藤恭平と面識があり、加藤を通して実際の設計を伊東安兵衛が請負ったと推察できる。

図18　加藤恭平の自邸

『民芸建築図集』には伊東安兵衛設計の建物として、料亭ふるさと、旅館盛久、レストランたいめいけん、宇野重吉邸、向井潤吉邸など多数が掲載され、その奥付に以下の経歴がある。「明治41年7月炭屋のせがれとして銀座に生る。昭和7年3月法政大学哲学科卒業、同年7月喫茶店「門」を三原橋畔に開店、経営の傍ら建築を独学。この頃より民芸運動に共鳴す。強制疎開で閉店、終戦後民芸店たくみに入社、現在営業部長。東京民芸協会常任理事。」
　伊東安兵衛は、民芸店たくみ（現株式会社たくみ）に勤務する傍ら設計活動を行っていたのである（図19）。

7－6　増築工事をした理由

　柳澤邸の工事が二期に亘ったことについて、伊東は『民芸建築図集』掲載の「柳沢千代鈷氏邸」の解説にその理由を書いているので[9]、その顛末を説明する。
　柳澤家の敷地に、戦後建てられた平屋があった。それは4畳半と6畳の2室に便所と台所が付いた家屋で、その東側に増築する計画が立てられた。しかし、この平屋は安普請であったので、新築することにした。しかしながら、新築では建築費がかさむので、当初の計画通りに増築することとなった。そうこうする間に、増築の方の工事が進んでしまい、既存の建物と増築部とはそぐわないことがわかったので、やはりすべて新築することとなった。急遽設計をやり直し、図20のような建物となった。
　このように、設計の段階では、逆に現在残る棟が増築予定であったこと、その後設計変更により、結局すべて新築することにしたことから、工事に時差が生じたのである。

 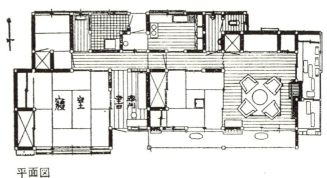

図19　伊東安兵衛　　　図20　創建時の柳澤邸
　　　（1908～1972）

—154—

7-7　昭和20年代の住宅の間取り

　当該住宅の外観ならびに間取りを特徴づける言葉を挙げると、次のようになる。小住宅、中廊下、民家風、民芸調（家具を含めて）、大きな玄関土間、座敷飾り（床、棚、書院）、居間と和室境の段差、濡縁なし、テラス

　そこで、これらを拠り所として昭和20年代の文献を頼りに同時代の住宅の傾向を汲み取ってみたい。参照した文献は以下の通りである。

- 田邊泰編，『小住宅図集』（彰国社，昭和21年，ここでは昭和25年5版）
- 田邊泰編，『新時代住宅図集』（彰国社，昭和22年，ここでは昭和24年再版）
- 蔵田周忠著，『小住宅の設計』（主婦之友社，昭和22年）
- 服部勝吉，吉村孝義『新生活住宅図集』（彰国社，昭和23年，ここでは昭和24年4版）
- 小野薫監修，永井玉吉，深田秀一，平塚正著，『家の建て方・間取の工夫』（理工学社，昭和26年，ここでは昭和26年改訂5版）
- 北尾春道著，『数寄屋住宅図集』（彰国社，昭和27年）
- 清水一著，『住みよい家の建て方』（大泉書店，昭和29年）
- 住宅建築研究会編著，『すみよい住まい7　新しい小住宅』（雄鶏社，昭和30年）

　例えば、『住みよい家の建て方』には12.5坪の住宅が紹介されていて、4畳半の和室に比較的大きな洋間が接続し、和室との居間境の襖3本引きで段差を設けている。本書では、和室は板の間より7寸から9寸ぐらい高くした方が「イスの人と坐った人との眼の高さが大体そろって感じがよろしい」（同書、p.62）としている（図21）。

　『小住宅図集』には15坪の例が紹介され、居間（板の間）は和室より5寸下げ、椅子を置いても茶の間から庭への眺望を大して妨げないこと、南側に濡縁を出して非常に広く使えることを強調している（図22）。

　『小住宅の設計』には10坪の案が紹介されている。応接兼食事室と居間（和室）との境に建具はなく、2室を開放的に使っている（ただし居間境には段差がある）。応

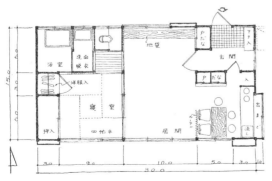

図21　『住みよい家の建て方』から

図22　『小住宅図集』から

接兼食事室の窓は「わざと三枚にしました。(略) 三本溝にしますと、窓を広く開けることができるから」(同書、p.81) と説明している (図23)。

『新生活住宅図集』には13.75坪の案が紹介されている。板の間と6畳の境はカーテンによる仕切りだけで、これら2室は開放されその段差は30cmである。板の間から南にテラスが広がり、その段差は10cmである (図24)。

『すみよい住まい7 新しい小住宅』には11.8坪の事例が紹介され、「無駄な面積を節約」することを旨に「畳敷を主体とし、廊下、床の間等で面積をとられることを極力避けてあります」(同書、p.59) との説明がある。6畳和室の前に半間幅の縁側があり、その先にテラスを設けている (図25)。

その他の参考文献を含めて、小住宅の間取りの多くに共通するのは、板の間と和室の2室を襖あるいはそれなしで段差をつけて連続させること、北側に水回りを集めた中廊下は、できるだけ面積を切り詰めるために例外的にしか現れないこと、庭との関係を重視してテラスが南側に広がること、3枚のガラス戸と襖の使用が多いこと、半間幅の床の間は見られるものの、それ自体がないことの方が多いこと、玄関土間を接客用に用いようとする例外を除いて、土間は最小限の大きさに抑えられていることなどである。

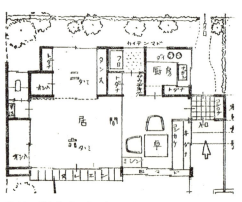

図23 『小住宅の設計』から

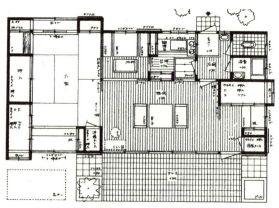

図24 『新生活住宅図集』から

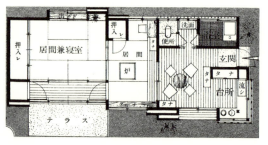

図25 『すみよい住まい7 新しい小住宅』から

7-8 民芸建築について

ご当主との聞き取りを通して、筆者には「民芸」という言葉が印象に残る。その際、家具を民芸家具の老舗「たくみ」から購入したということも伺った。

民芸（運動）というのは『民芸運動と建築』[10]によると、日常の生活用具類などに美的価値を認めようと、柳宗悦、河井寛次郎、濱田庄司らによって大正末年・昭和初年に始められたこと、建物としては、「民藝館」（のちの三国荘）、浜松の日本民藝美術館、日本民藝館、濱田庄司記念益子参考館、河井寛次郎記念館など、広い意味でのミュージアム建築を中心に形成されたとされる。これら3件の民藝館について、それぞれの特徴を『民芸運動と建築』の記述を参考にまとめてみる。

最初の民藝館（三国荘）は、上野で開催された大礼記念国産振興東京博覧会の展示館として昭和3（1928）年に建てられ、会期後大阪の三国に移築された（図26）。柳宗悦、河井寛次郎、濱田庄司、高林兵衛たちが設計と建設を行った。間取りは中廊下式であり、板の間の応接室と畳敷きの主人室との間に28cmの段差を持ち、3つの特徴が指摘されている。第一は、柱、梁、建具などの木部は焦げ茶色で塗られ、葦張りの天井や煤竹、曲梁など民家に範をとり、屋根には厚熨斗瓦の上に青海波、さらに厚熨斗瓦を重ねるなど富裕な地主階級の民家を彷彿させること、第二に照明器具と建具に、卍崩しなどの朝鮮の意匠が現れること、第三に暖炉を設置し、畳の間にソファを置くという洋風化が図られていたことである。そしてこのうち、民家風と洋風という二つの要素はその後の民芸運動の基調になったという。

次に浜松にある高林兵衛邸と日本民藝美術館。日本民藝美術館は高林家に250年間続いた大規模な民家を解体し美術館として再建したもので、開館は昭和6（1931）年であった。高林邸は兵衛自らが設計して昭和4年に完成している。外観には切妻の破風に4本の貫とそれを支える束が馬目地で入り、貫が捻じれているぶん野趣に

図26　民藝館（三国荘）

—157—

富む（図27）。室内には、古民家風に梁が露出し、朝鮮王朝に特有の装飾に影響を受けた建具が入る（図28）。

　日本民藝館（本館）は昭和11（1936）年に建てられ、柳宗悦が基本設計を行い、漆喰と大谷石からなる蔵のような外観に特徴がある。本館とは道路を挟んで対面するようにして、長屋門と柳宗悦邸がある（図29、30）。長屋門（明治13年築）は栃木から移築され、外壁の腰壁そして屋根瓦が大谷石で作られている。柳宗悦邸は昭和10年に建てられ、外壁は押縁下見板張りで、上部の壁は漆喰塗である。間取りは水回りを北側に並べた中廊下式であり、中心に12畳の食堂を配している。この食堂は床面より27.5cm（9寸）上がった高さの和室と一体化して利用された（図31）。

図27　高林邸

図28　高林邸

図29　日本民藝館・長屋門

図30 日本民藝館・柳宗悦邸

図31 日本民藝館・柳宗悦邸食堂

結　論

　以上の考察を通じて、柳澤邸の特徴を次のようにまとめることができる。

- 当該住宅は昭和26（1951）年に建てられた。施主の柳澤千代鉐との工事契約は加藤恭平が行ったが、実際の設計者は伊東安兵衛であった。
- 伊東は民芸店たくみに勤める傍ら、多数の"民芸"建築を設計していた。柳澤家はこのたくみを通して現存する民芸家具を調達した。
- 当該住宅には"民芸"建築の影響が顕著であり、それは外観では、大きな切妻造りの屋根、その破風に見られる幾重にも組まれた貫と束の意匠に、また竪羽目板、押縁下見張りの仕上げに、さらに大谷石の使用に現れている。他方、室内では、玄関土間、ハツリ痕を残す野太い梁の使用等に見てとることができる。同邸に大谷石が用いられたのは、同邸の施主と設計者が抱いた民芸への関心ならびに大工が宇都宮の人であったことに起因していると言える。
- 洋間（応接間）と和室（4畳半）に段差を設けて一体として使用する手法は、昭和戦前からのものであるが、昭和20年代の住宅でも根強く残り、それが当該住宅にも採用されていた。また、昭和20年代の小住宅には、3枚戸の使用、庭との関連性を重視したテラスの流行が見てとれ、当該住宅も同じ傾向を持っていた。
- このように柳澤邸は、昭和20年代の戦後復興期の小住宅の間取りと共通する要素を多く持ちながら、座敷飾りである床・棚・書院を備えた応接間を洋風にしたり、外観に伝統的な民家の意匠を用いたりと、戦前に始まった民芸運動が戦後にも影響を及ぼしていた興味深い例として位置づけられる。

註

1) 本調査は，平成22年度に世田谷区教育委員会事務局生涯学習・地域・学校連携課文化財係（佐藤明子，牧野徹）との共同で実施した。筆者は平成22年12月に同家の建物調査報告書を提出した。本稿はその内容に新たな知見を加えたものである。
  【調査参加者】（肩書は調査時のもの）
  武藤茉莉（昭和女子大学大学院生活機構研究科環境デザイン研究専攻2年）
  石川真子（同大学生活科学部生活環境学科4年）
  【日程ならびに調査内容】平成22年9月14日，21日，27日，11月18日：図面を作成するためのスケッチならびに実測，写真撮影，聞き取り

2) このウィンザーチェアとバタフライ型テーブルは，笠原勝氏（株式会社たくみ第二営業部部長，平成27年1月逝去）によれば，松本民芸家具の昭和30年代後半の物ではないか，昭和30年以前のこの種の椅子であればイギリスからの輸入である可能性が高いという。松本民芸家具に尋ねたところ（池田素民氏），テーブルは＃27型板脚バタフライ卓子に酷似しており，製造は昭和23年～30年頃，当該の椅子の該当品はないという回答を得た。以上から，柳澤家は昭和26年の住宅竣工後早々に椅子とテーブルを購入したのだとすれば，テーブルは松本民芸家具製，椅子はイギリス製ということになる。なお，たくみ工藝店は昭和8年，地方の民芸品を振興し現代生活への普及を目指すための店として，銀座に創業し現在に至る。

3) 専門用語については，『建築大辞典（第2版）』（彰国社，1993年）を参照するとともに，戸田建設事務所の堀義之氏からご教示を得た。

4) 加藤恭平についてはフリー百科事典「ウィキペディアWikipedia」参照。
  https://ja.wikipedia.org/wiki/加藤恭平_（写真家）平成28年10月23日閲覧

5) 加藤恭平著，「住まいのあり方―山荘の暮らし」『民藝』（日本民藝協会発行，昭和37年7月号）所収，p.43　笠原勝氏によると，民芸関連の雑誌で加藤が寄稿したのはこの一文のみとのことである。

6) 宮地米三，伊東安兵衛著，『民芸建築図集』（四季社，1958年）

7) 『民芸建築図集』（前掲書），p.109

8) 初田亨，大川三雄著，『都市建築博覧・昭和篇』（住まい学大系043）（住まいの図書館出版局，1991年），p.178

9) 『民芸建築図集』（前掲書），p.130

10) 藤田治彦，川島智生，石川祐一，濱田琢司，猪谷聡著，『民芸運動と建築』（淡交社，平成22年）

図版出典

図1,4：筆者作図／図2,5〜17,図27〜31：筆者撮影／図3：柳澤家提供／図18,20：『民芸建築図集』(前掲書)／図19：『民芸手帖』(東京民芸協会発行，昭和39年3月号)／図21：『住みよい家の建て方』(前掲書)／図22：『小住宅図集』(前掲書)／図23：『小住宅の設計』(前掲書)／図24：『新生活住宅図集』(前掲書)／図25：『すみよい住まい7　新しい小住宅』(前掲書)　図26：高林家所蔵（広中雅子氏提供）

旧柳澤君江邸（制作　2011年）

あとがき

　平成 8（1996）年、歴史的建築の存在を知り、文化財の裾野を広げていくという方針から国の文化財登録制度が発足した。本書執筆時（平成30年2月）の全国の登録有形文化財（建造物）の登録数は11,494件で、そのうちの半数近くの45％を住宅が占める[1]。住宅の割合が多いのは、人々に文化財の存在がより身近なものになりつつあるということを意味する。因みに、世田谷区では22件が登録されている。その種別は学校が2件、宗教と文化福祉が各1件、住宅が18件（門、石垣等の工作を含む）である。住宅18件の時代別では、明治期のもの2件、大正期のもの2件のほかは昭和期である（うち戦後は2件）。もっと多様な建物が登録されてもよいのであるが、世田谷区が郊外住宅地として発展してきたことを考えれば、住宅の数の多さと時代の偏りは同区の特徴を示しているとも言える。

　筆者が歴史的建築を対象に現場で調査を始めたのは、大学院生になってからで、先輩の指導のもと見よう見まねで実測の仕方を学んだ。そのとき現状の建物から、痕跡や聞き取り調査を通じて、図面の上ではあったが、創建時の姿に復原していく意義と愉しさを経験した。

　その後、実際に復原の現場に身を置いたのは、法務省旧本館の復原改修工事（平成3年から同6年まで）で、筆者は設計監修者として参画した。同改修工事の3年前の昭和63（1988）年、昭和女子大学に奉職してからは、地元世田谷区の歴史的建築に接することが多くなった。本書で触れなかった世田谷区内の年度別の建築調査物件は以下の通りである。

- 平成 6 年度、K家住宅（明治27年）
- 平成 7 年度、鳩ポッポの家保育園（旧野戦砲兵第一聯隊の酒保、明治31年頃）
- 平成 8 年度、旧小坂順造邸（昭和13年）
- 平成14年度、日本基督教団富士見丘教会（昭和11年）
- 平成20年度から22年度、世田谷区の全社寺悉皆調査（神社70件、寺院118件）
- 平成20年度、S家住宅（昭和11年頃）
- 平成21年度、日本聖公会聖愛教会（昭和39年）
- 平成22年度、成城自治会館（昭和12年、32年）
- 平成25年度、松居邸（昭和13年）
- 平成26年度（追加調査平成27年度）、旧近衛輜重兵大隊営内射撃場（昭和3年）

　本書で取り上げた7件の住宅は、いわばご縁があって調査に至ったもので、これらを以て世田谷区の近代住宅とは何かを語り尽くすことはできない。その一端を垣間見た程度である。しかしながら、7件とは言っても、そこには和洋折衷の名のも

とに様々な展開がなされていた。

　玄関脇に洋間を設けることは、大正から昭和にかけて建てられた多くの和洋折衷式の住宅に見られる。この種の住宅は、S邸（太子堂、昭和初期）、原邸（太子堂、昭和初期）、平井邸（奥沢、昭和5、6年）、鎌田邸（梅丘、昭和7年）に見られる。

　その際、洋間の外観は他の和室部分（引違い戸、緩勾配の屋根と和瓦葺き、押縁下見、真壁造りなどを持つ）とは区別されることが多い。しかし、原邸では大屋根を架けているので、室内の和洋の区別は外観上には現れない。

　外観を大壁によって洋風意匠で包む場合でも、室内においては洋間を大壁造り、和室を真壁造りとして区別することが多い。尾澤醫院兼住宅（世田谷、昭和6、7年）は陸屋根を持つ木造2階建てで、外観全体をモルタルならびにリシン掻落とし仕上げとするのに対して、室内には床の間を持つ本格的な和室があり、外壁とは廊下を挟んで室内側に障子を建て付けているので、和室の雰囲気を損なっていない。

　その点で、原邸は特異である。同邸における洋間（応接間）は真壁造りで、とくに東面には床の間のように落とし掛けを持つ垂れ壁があり、連続する開き窓とともに和洋が折衷されている。また、唯一床の間を持つ2階西6畳間の南面には折りたたみ戸があったと推察され、さらに、1階茶の間西面では中央に地袋付きの棚と窓を、その両脇に押入を配したシンメトリーの構成がなされている。このような和洋の混在こそが原邸の特徴と言える。この和洋の混在は、柳澤邸にも見られる。同邸は民芸運動に共鳴した伊東安兵衛の設計になり、洋間には丸太を組んだ天井のほか座敷飾りが暖炉と共に設けられ、その座敷飾りも床の間を中心にシンメトリーに配置されている。

　先の尾澤醫院兼住宅はすべてが陸屋根であるが、陸屋根は鎌田邸と平井邸では洋間のみに用いられた。建物全体に桟瓦葺きで押縁下見を持つ伝統的な仕上げの中にモルタル仕上げの陸屋根が組み込まれた創建時の外観は、見る人に和洋の鋭い対比を印象付けたことであろう。

　このうち鎌田邸の洋館部には緑の彩色を持つ洋瓦が使われている。この洋瓦は尾澤醫院兼住宅にも見られる。筆者が後者の洋瓦の断片を、鎌田邸のそれと比較したところ、その色と瓦断面の曲がり具合は同じであった。両者は共に昭和7年に建てられていることから、同じ製造元の瓦を使用していた可能性がある。今後の課題としたい。

　大正期から昭和初期に、スパニッシュやアール・デコ様式が流行した。その種の傾向は尾澤醫院兼住宅によく現れている。同住宅の車寄せの柱には、縦軸に円と半円を繰り返した鉄製格子の文様が、同車寄せの手摺には中央に半円が左右交互に入り、その両側に梯子状の幾何学文様がある。また、アール・デコと称される建築によく用いられたスクラッチタイルがここでも用いられている。

郊外住宅地として発展してきた世田谷区において、とくに昭和戦前期の住宅は、同区の原風景を形作ってきた生き証人である。私たちの大切な記憶の拠り所としてこれからも懐かしさを感じさせる存在であり続けるだろう。それゆえに、大切にしていきたいのである。

註

1）　文化庁国指定文化財等データベース

　　http://kunishitei.bunka.go.jp/bsys/categorylist.asp　平成30年2月13日閲覧